北京一零一中生态智慧教育丛书——课堂教学系列

丛书主编　陆云泉　熊永昌

北京一零一中

且行且思　且悟且进
——我的历史教学实践反思

QIEXING QIESI QIEWU QIEJIN
——WODE LISHI JIAOXUE SHIJIAN FANSI

孙淑松　著

北京理工大学出版社
BEIJING INSTITUTE OF TECHNOLOGY PRESS

版权专有　侵权必究

图书在版编目（CIP）数据

且行且思　且悟且进：我的历史教学实践反思 / 孙淑松著. -- 北京：北京理工大学出版社，2024.11.
ISBN 978-7-5763-4560-5

Ⅰ. G633.512
中国国家版本馆 CIP 数据核字第 2024ZP7665 号

责任编辑：王梦春　　**文案编辑**：邓　洁
责任校对：刘亚男　　**责任印制**：李志强

出版发行 /	北京理工大学出版社有限责任公司
社　　址 /	北京市丰台区四合庄路 6 号
邮　　编 /	100070
电　　话 /	（010）68944439（学术售后服务热线）
网　　址 /	http：//www.bitpress.com.cn
版 印 次 /	2024 年 11 月第 1 版第 1 次印刷
印　　刷 /	廊坊市印艺阁数字科技有限公司
开　　本 /	710 mm×1000 mm　1/16
印　　张 /	12.5
字　　数 /	178 千字
定　　价 /	66.00 元

图书出现印装质量问题，请拨打售后服务热线，负责调换

丛书序

教育事关国计民生,是国之大计,党之大计。

北京一零一中是北京基础教育名校,备受社会的关注和青睐。自1946年建校以来,取得了丰硕的办学业绩,学校始终以培养"卓越担当人才"为己任,在党的"教育必须为社会主义现代化建设服务,为人民服务,必须与生产劳动和社会实践相结合,培养德智体美劳全面发展的社会主义建设者和接班人"的教育方针指引下,立德树人,踔厉奋发,为党和国家培养了一大批卓越担当的优秀人才。

教育事业的发展离不开教育理论的指导。时代是思想之母,实践是理论之源。新时代的教育需要教育理论创新。北京一零一中在传承历史办学思想的基础上,依据时代教育发展的需要,守正出新,走过了自己的"教育理论"扬弃、创新过程。

学校先是借鉴了苏联教育家苏霍姆林斯基的"自我教育"思想,引导师生在认识自我、要求自我、调控自我、评价自我、发展自我的道路上学习、成长。

进入21世纪以来,随着教育事业的飞速发展,学校在继续践行"自我教育"思想的前提下,开始探索"生态·智慧课堂",建设"治学态度严谨、教学风格朴实、课堂氛围民主、课堂追求高远"的课堂文化,赋予课堂以"生态""智慧"属性,倡导课堂教学的"生态、生活、生长、生命"观和"情感、思想、和谐、创造"性,课堂教学设计力求情境化、问题化、结构化、主题化、活动化，以实现"涵养学生生命，启迪学生智慧"的课堂教学宗旨。

2017年，随着十九大的召开，教育事业进入了新的时代，北京一零一中的教育指导思想由"生态·智慧课堂"发展为"生态·智慧"教育。北京一零一人在思考，在新的历史条件下发展什么样的基础教育，怎样发展中国特色、国际一流的基础教育这个重大课题。北京一零一人在探索中进一步认识到，"生态"意味着绿色、开放、多元、差异、个性与各种关系的融洽，所以"生态教育"的本质即尊重规律、包容差异、发展个性、合和共生；"智慧"意味着点拨、唤醒、激励、启迪，所以"智慧教育"的特点是启智明慧，使人理性求真、至善求美、务实求行，获得机智、明智、理智、德智的成长。

2019年5月，随着北京一零一中教育集团的成立，学校办学规模不断扩大，学校进入集团化办学阶段，对"生态·智慧"教育的思考和认识进一步升华为"生态·智慧"教育。因为大家认识到，"生态"与"智慧"二者的关系不是互相割裂的，而是相互融通的，"生态智慧教育"意味着从科学向智慧的跃升。"生态智慧教育"强调从整体论立场出发，以多元和包容的态度，欣赏并接纳世间一切存在物之间的差异性、多样性和丰富性；把整个宇宙生物圈看成一个相互联系、相互依赖、相互存在、相互作用的一个生态系统，主张人与植物、动物、自然、地球、宇宙之间的整体统一；人与世界中的其他一切存在物之间不再是认识和被认识、改造和被改造、征服和被征服的实践关系，而是平等的对话、沟通、交流、审美的共生关系。"生态·智慧"教育是基于生态学和生态观的智慧教育，是依托物联网、云计算、大数据、泛在网络等信息技术所打造的物联化、智能化、泛在化的教育生态智慧系统；实现生态与智慧的深度融合，实现信息技术与教育教学的深度融合，致力于教育环境、教与学、教育教学管理、教育科研、教育服务、教育评价等的生态智慧化。

学校自2019年7月第一届集团教育教学年会以来，将"生态·智慧"教育赋予"面向未来"的特质，提出了"面向未来的生态智慧教育"思想。强调教育要"面向未来"培养人，要为党和国家培养"面向未来"的合格建设者和可靠接班人，要教会学生面向未来的生存技能，包括学习与创新技能、数字素养技能和职业生活技能，要将学生培养成拥有创新意识和创新能力的拔尖创新人才。

目前,"面向未来的生态智慧教育"思想已逐步贯穿了办学的各领域、各环节,基本实现了"尊重规律与因材施教的智慧统一""学生自我成长与学校智慧育人的和谐统一""关注学生共性发展与培养拔尖创新人才的科学统一""关注学生学业发展与促进教师职业成长的相长统一"。在"面向未来的生态智慧教育"思想的指导下,北京一零一中教育集团将"中国特色国际一流的基础教育名校"确定为学校的发展目标,将"面向未来的卓越担当的拔尖创新人才"作为学校的学生发展目标,将"面向未来的卓越担当的高素质专业化创新型的生态智慧型教师"明确为教师教育目标。

学校为此完善了教育集团治理的"六大中心"的矩阵式、扁平化的集团治理组织;研究制定了"五育并举""三全育人""家庭—学校—社会"协同育人、"线上线下—课上课后—校内校外"融合育人、"应试教育—素质教育—英才教育"融合发展的育人体系;构建了"金字塔式"的"生态·智慧"教育课程体系;完善了"学院—书院制"的课程内容建设及实施策略建构;在教育集团内部实施"六个一体化"的"生态·智慧"管理,各校区在"面向未来的生态智慧教育"思想指引下,传承自身文化,着力打造自身的办学特色,实现各美其美、美美与共。

北京一零一中教育集团着力建设了英才学院、翔宇学院、鸿儒学院和GITD学院(Global Innovation and Talent Development),在学习借鉴生态学与坚持可持续生态发展观的基础上,追求育人方式改革,开展智慧教育、智慧教学、智慧管理、智慧评价、智慧服务等实验,着力打造了智慧教研、智慧科研和智慧学研,尤其借助国家自然科学基金项目《面向大中学智慧衔接的动态学生画像和智能学业规划》和国家社会科学基金项目《基础教育集团化办学中学校内部治理体系和治理能力建设研究》的研究,加快学校的"生态·智慧"校园建设,借助2019年和2021年两次的教育集团教育教学年会的召开,加深了全体教职员工对于"面向未来的生态智慧教育"思想的理解、认同、深化和践行。

目前,"面向未来的生态智慧教育"思想已深入人心,成为教育集团教职员工的共识和工作指导纲领。在教育教学管理中,自觉坚持"道法自然,各美其美"的管理理念,坚持尊重个性、尊重自然、尊重生命、尊重成长的生态、生活、生命、生长的"四生"观;在教师队伍建设中,积极践行"启智明慧,破惑证真"的治学施教原则,培养教师求知求识、求真求是、求善求美、求仁求德、求实求行的知性、理性、价值、德性、实践的"智慧"观；在拔尖创新人才培养中，立足"面向未来"，培养师生能够面向未来的信息素养、核心素养、创新素养等"必备素养"和学习与创新、数字与AI运用、职业与生活等"关键能力"。

北京一零一中教育集团注重"生态·智慧"校园建设，着力打造面向未来的"生态·智慧"教育文化。在"面向未来的生态智慧教育"思想的引领下，各项事业蓬勃发展，育人方式深度创新，国家级新课程新教材实施示范校建设卓有成效；"双减"政策抓铁有痕，在借助"生态·智慧"教育手段充分减轻师生过重"负担"的基础上，在提升课堂教学质量、高质量作业设计与管理、供给优质的课后服务等方面，充分提质增效；尊重规律、发展个性、成长思维、厚植品质、和合共生、富有卓越担当意识的"生态·智慧"型人才的培养成果显著；面向未来的卓越担当型的高素质专业化创新型的"生态·智慧"型教师队伍建设成绩斐然；教育集团各校区各中心的内部治理体系和治理能力建设成绩突出；学校的智慧教学，智慧作业，智慧科研，智慧评价，智慧服务意识、能力、效率空前提高。北京一零一中教育集团在"面向未来的生态智慧教育思想"的引领下正朝着"生态·智慧"型学校迈进。

为了更好地总结经验、反思教训、创新发展，我们启动了"面向未来的生态智慧教育"丛书编写。丛书分为理论与实践两大部分，分别由导论、理论、实践、案例、建议五篇章构成，各部分由学校发展中心、教师发展中心、学生发展中心、课程教学中心、国际教育中心、后勤管理中心及教育集团下辖的十二个校区的相关研究理论与实践成果构成。

本套丛书的编写得益于北京一零一中教育集团各个校区、各个学科组、广大干部教师的共同努力，在此对各位教师的辛勤付出深表感谢。希望这套丛书所蕴含的教育教学成果能够对海淀区乃至全国的基础教育有所贡献，实现教育成果资源的共享，为中国基础教育的发展提供有益的借鉴和帮助。

中国教育学会副会长
北京一零一中教育集团总校长
中国科学院大学基础教育研究院院长

序　言

为落实教育"立德树人"的根本任务,北京一零一中学持续开展基于核心素养的生态智慧教育的实践研究。生态智慧教育倡导以学生的素养发展和生命成长为目标,最大限度地开发和启迪智慧,让教育焕发出生命的光彩。

生态智慧教育核心是打造生命成长和智慧生成的"生活场";构建指向学生高阶思维发展的"思维场";营造师生情感交流、互动与激荡的"情感场";创设学生健康成长的"生命场"。在生态智慧的教育理念下,我校开展了一系列"教"与"学"方式变革的研究与实践,进一步明确学科生态智慧教育的内涵实质与价值追求,进一步完善生态智慧课堂的教学模型。

历史学科始终秉持"启迪智慧""涵养生命"的教育理念,依托于北京一零一中学生态·智慧课堂,致力于推动历史课程的"问题化""情景化""结构化""主题化""活动化",全面落实立德树人的根本任务。在教育教学实践中,历史组的教师们以历史学科核心素养为指导,通过优化课程结构,深入研究课程的有效实施,培养学生的历史能力和素养,厚植家国情怀。积极实践"生态、生活、生长、生命"四维一体的"生态·智慧"课堂理念,通过引导学生以宏阔的历史视角关注历史和现实,提升学生的人文素养,树立科学的"生态观""生活观"和"生命观",实现学生知识、能力、素养和情怀的全面提升。

本书作者孙淑松老师是一位研究型的历史教师,2010年毕业于北京师范大学历史学院，获中国近现代史博士学位，现为中学历史高级教师。入职北京市一零一中学以来，他先后被评为北京市骨干教师、北京市紫禁杯班主任一等奖、北京市教学设计一等奖，担任海淀区兼职教研员。

孙老师学术功底深厚，学术视野开阔，积极致力于中学历史教学研究，先后在《中学历史教学参考》《中学历史教学》《中国教师》等刊物发表文章三十余篇，其中《批注式阅读在高中历史教学中的有效运用》被《人大报刊复印资料·中学历史、地理教与学》全文转载。主编或参编图书十部，其中《中国历史地图绘本》和《世界历史地图绘本》获得第五届中华优秀图书奖。孙老师积极参与课题研究，主持了海淀区重点关注课题《〈走进圆明园〉实践课程研究》，参与了北京市教学科学规划课题《中学全学科阅读指导体系建设实践研究》并担任核心成员和分册主编。

本书收录了孙老师自工作以来公开发表的部分文章，共分为三章，也就是孙老师归纳出的历史教学的三重境界：历史教学的广度、历史教学的深度和历史教学的温度。

历史教学的广度，是指历史教师要站在更宏阔的历史视野看待历史事件，关注历史事件之间的关联性，把历史事件的来龙去脉讲清楚，把历史事件之间的内在逻辑说明白，培养学生的时空观念。

历史教学的深度，是指历史教师通过讲授历史过程和选择典型史料，引导学生深入研究历史，学习历史研究的基本方法，揭示历史事件的复杂性，探寻历史背后的规律性，并通过历史解释，培养学生的唯物史观和史料实证的能力。

历史教学的温度，是指历史教师通过讲述历史人物和历史事件，传递优秀历史人物的人格魅力，培养学生的社会责任感和历史使命感，让学生成为有担当、有追求、有能力、有情感的未来社会的主人翁，落实历史核心素养的家国情怀。

期待更多的老师像孙老师一样成为研究型的教师，在教学实践中研究教育教学规律，追寻理想的生态智慧教育！

北京一零一中学（教育集团）书记、校长熊永昌

2024 年 5 月

导　言
对历史教育存一颗敬畏之心

2010年7月，我从北京师范大学历史学院毕业，入职北京一零一中学，迄今已有十余年了。回首过去的时光，我从缺乏教育教学经验的年轻教师，逐步成长为海淀区学科带头人、北京市骨干教师、北京市"紫禁杯"班主任。一路走来，有挫折和磕绊，也有进步和成长；付出了汗水和辛劳，也收获了成绩和喜悦。十余年的教学经历，让我对教育和教学工作有了更加深入的了解外，也让我对教育工作和历史教育有了敬畏之心。

一、历史教育提升学生人文素养

在常人眼中，历史是有趣的，是各种好玩的故事。历史学习也没什么高深之处，背背书就能考高分了。至于历史知识，考完就忘记了。学过高中历史的人，谁还记得汉朝的开国之君是哪一位？唐朝又是哪年建立的？既然学过的知识都忘记了，那学历史还有什么用呢？

每次带高一新生时，在第一堂课上，我都会给他们讲一个案例：现在在国内外很多公共空间、大学校园都能看到成片的草坪，这好像从来就是一种极其自然的现象，已经见怪不怪了，但很少有人考虑过：种植草坪，不能产生任何经济价值，反而会消耗土地，需要大量的人力和财力进行维护，那为什么还要种植草坪呢？

16世纪初出现草坪,最先开始的地方是位于卢瓦尔河谷的香波堡。当时的贵族们有钱有闲,拥有大片土地,雇佣众多工人经营草坪,这样一来,草坪就成为家世和财富的象征。后来,王室宫殿和公爵城堡也开始修建自己的草坪,草坪就变成一种权力和地位的象征。正是在历史的长河中,草坪从一种个别、偶发的现象,演变成家世、地位和权力的象征。当然,当今的草坪逐渐褪去地位和权力的色彩,但还是能体现出主人的财富和闲暇。纵观草坪的发展历史,我们可以看到:习以为常的草坪,一端连接着过去,另一端连接着现在。了解了这些历史,我们就可以从更广阔的视野思考我们周围的事物,看清事物的来龙去脉和发展变化,找到事物的发展规律,而不是盲目从众、人云亦云。这大概就是历史的魅力吧!

随着新课程改革的深入发展,当今的历史教育也发生着重大变革,历史核心素养已经成为历史教育的核心和重点。历史核心素养包括五个维度:唯物史观、时空观念、史料实证、历史解释和家国情怀。

唯物史观是揭示人类社会历史客观基础及发展规律的科学的历史观和方法论。人类对历史的认识是由表及里、逐渐深化的,只有运用唯物史观的立场、观点和方法,才能对历史有全面、客观的认识。时空观念是在特定的时间联系和空间联系中,对事物进行观察、分析的意识和思维方式。任何历史事物都是在特定的、具体的时间和空间条件下发生的,只有在特定的时空框架当中,才可能对史事有准确的理解。史料实证是指对获取的史料进行辨析,并运用可信的史料努力重现历史真实的态度与方法。历史过程是不可逆的,认识历史只能通过现存的史料。要形成对历史的正确、客观的认识,必须重视史料的搜集、整理和辨析,去伪存真。历史解释是指以史料为依据,对历史事物进行理性分析和客观评判的态度、能力与方法。人们通过多种不同的方式描述和解释过去,通过对史料的搜集、整理和辨析,辩证、客观地理解历史事物,不仅要将其描述出来,还要揭示其表象背后的深层因果关系。通过对历史的解释,不断接近历史真实。家国情怀是学习和探究历史应具有的人文追求,体现了对国家富强、人民幸福的情感,以及对国家的高度认同感、归属感、责任感和使命感。

唯物史观是诸素养得以达成的理论保证;时空观念是诸素养中学科本质的体现;史料实证是诸素养得以达成的必要途径;历史解释是诸素养中

对历史思维与表达能力的要求；家国情怀是诸素养中价值追求的目标。

　　核心素养体现了党的教育方针，落实了立德树人的根本任务，发展了素质教育的独特育人价值。教师不仅要充分理解核心素养的内涵，而且要在课堂上渗透这些核心素养，更要将这些核心素养融入学生的行为习惯中，从而达成能力的培养、思维的提升和人格的塑造。

　　历史课堂是教师的舞台，在这个舞台上，教师可以大有作为。不过，教师也需要认真钻研、精心设计、有效设问，将历史学科的知识性和趣味性有效结合。在讲解《中外历史纲要》（下）第四单元"资本主义制度的确立"第8课"欧洲的思想解放运动"中"文艺复兴"子目时，我没有像往常那样罗列文学三杰和艺术三杰，让学生去背知识，而是从作者和作品本身入手，通过对作者的经历和作品内容的介绍，引导学生分析文艺复兴的特点。我选取了但丁的《神曲》和达·芬奇的《蒙娜丽莎》进行重点解读。

　　但丁是13世纪佛罗伦萨最有学问的新秀。因为反对教皇控制佛罗伦萨，他被缺席审判流亡20年，期间不得返回，因此，他对佛罗伦萨爱恨交加，这种复杂的感情被他融入《神曲》的创作之中。《神曲》分为《地狱》《炼狱》和《天堂》三个部分，讲述的是但丁傍晚散步时，误入象征黑暗中世纪的"黑暗森林"，遭到了三只猛兽的阻拦：母狼、狮子和豹子。母狼象征教皇，狮子象征法国国王，豹子象征佛罗伦萨人。危难之中，古罗马诗人维吉尔的灵魂出现了，带领但丁走出"黑暗森林"，游览了地狱和炼狱。在地狱中，但丁见到了形形色色的人，其中一个房间关着的是天主教会的教皇。但丁对教皇的灵魂说："受苦的灵魂啊，你头朝下像一根木桩似的倒插在那里……如果你能够说话，就说话吧。""我曾穿过大法衣……我那样贪得无厌……我头底下是其他的在我以前犯买卖圣职罪被拖入孔洞的人……我这样两脚被火烧着，身子倒栽着的时间，已经比他将要被倒栽着，两脚烧得通红的时间长了。"但丁借教皇之口，抨击了教会的贪婪腐化。后来，他们又游览了炼狱。

　　最后，维吉尔带着但丁到达了天堂。在天堂入口，但丁见到了他当年暗恋的情人贝雅特里奇。贝雅特里奇是佛罗伦萨银行家之女，9岁时与但丁在街头邂逅，但丁对她一见钟情、念念不忘。此后，两人又多次见面，每见一次,但丁对她都多一层爱慕。令但丁没想到的是,15岁时,贝雅特里奇嫁给了一位年轻的银行家。更不幸的是,不久后,贝雅特里奇染病去世。这一连串的打击,并没有浇灭但丁对她的爱,反而变得更加炽烈。但丁要用《天堂》为她塑造一座"永不磨灭的纪念碑",其中写道:"我看见宇宙纷散的纸张,都被爱合订为一册。"通过分析《天堂》的写作初衷,学生可以感受到,《天堂》的主旋律是歌颂爱情和人性。

《蒙娜丽莎》是达·芬奇的成名作,被誉为世界绘画中最著名的杰作。达·芬奇是艺术家,也是科学家。他的科学研究使绘画如虎添翼,尤其是解剖学和生理学方面的成就,使他笔下的人物形象栩栩如生。蒙娜丽莎本是一位银行家的妻子,画中最迷人的地方是气韵的微妙和意境的飘渺,是永远难以猜透的似笑非笑的神秘表情。《蒙娜丽莎》摆脱了中世纪宗教画的束缚,将绘画的对象从耶稣或圣母转向了普通女性,从神转向人,这体现了文艺复兴的关注对象为人。

通过对《神曲》和《蒙娜丽莎》内容的讲解,学生可以自己分析出人文主义的内涵,那就是:打着宗教的旗号,抨击教会,提倡现世的幸福,歌颂爱情和人性。教师在授课过程中,通过讲解文学和艺术作品,还可以培养学生对生活的热爱,对人性美好的期待。

在这一节课的讲解过程中,我带着学生回到中世纪,通过创设情境,将学生置于中世纪的特殊时空背景之下;通过带领学生分析材料,培养了史料实证的能力;通过但丁和贝雅特里奇的爱情故事,让学生受到了情感触动。好的课堂,不是生硬地讲授,而是通过设置情境,将学生带入历史,在不知不觉中受到熏陶。历史知识可能会被遗忘,但是但丁的故事和他的《神曲》将永远铭刻在学生的记忆中。

二、精心设问引导学生深入思考

《论语·八佾》中记载,林放问孔子什么是礼的根本,孔子回答说:"大哉问!礼,与其奢也,宁俭;丧,与其易也,宁戚。""学而不思则罔,思维不学则殆",孔子鼓励学生积极发问,通过发问,实现学习新知和提升思维的结合。在教学活动中,教师不仅要鼓励学生积极发问,还要通过依托史料、创设情境，精心设置问题串，引导学生由表及里地思考历史问题，揭示现象背后的深层因果关系，提高学生的历史素养和思维品质。可以说，精心设计问题，体现了教师的专业素养，提升了课堂的思维层次，调动了学生的学习兴趣。

例如，在讲授《中外历史纲要》（上）第9课"两宋的政治和军事"第一子目"宋初中央集权的加强"时，我没有急于展示教材内容，而是通过用史料还原历史、设置一系列问题，将学生置于当时的时代背景下，从当事人的视角去观察历史、思考问题。

唐朝后期，藩镇割据，社会动荡不安。据《新唐书》记载："方镇相望于内地，大者连州十余，小者犹兼三四。故兵骄则逐帅，帅强则叛上……天子顾力不能制，则忍耻含垢，因而抚之，谓之姑息之政……自国门以外，皆分裂于方镇，而唐遂亡。"这种分裂割据的局面，从唐末一直延续到北宋初期。

960年，北宋建立后，宋太祖和赵普围绕如何消除藩镇割据的现象，进行过一场著名的讨论。我展示了宋太祖君臣的讨论内容，并让学生概括两个问题：君臣讨论的核心问题是什么？赵普给出的解决办法是什么？

建隆二年（961），太祖召赵普问曰："天下自唐季以来，数十年间，帝王凡易八姓，战斗不息，生民涂地，其故何也？吾欲息天下之兵，为国家长久计，其道何如？"

普曰："此非他故，方镇太重，君弱臣强而已。今所以治之，亦无他奇巧，惟稍夺其权，制其钱谷，收其精兵，则天下自安矣。"

语未毕，上曰："卿勿复言，吾已喻矣！"

——《续资治通鉴长编》卷二

这两个问题都是概括题，学生只要阅读了材料，基本都可以概括出来：君臣讨论的核心问题是如何消除五代十国的混乱局面，实现国家的长治久安；赵普提供的建议是削弱地方行政权、剥夺地方的财权、收回地方的兵权。

在此基础上，我继续追问："大家想想，五代十国时期，行政权、财权和兵权都掌握在什么人手里？如何剥夺地方的权力呢？"

通过讨论，学生可以发现，当时的行政权、财权和兵权都掌握在节度使的手里，要解决藩镇割据的问题，就要将节度使的权力收归中央。

为了加强对地方的控制，中央派文官出任地方各州的长官——知州，并派通判监督知州，这样一来，节度使就被架空了，逐渐变为虚衔；设诸路转运司统管地方财政，保证各州赋税绝大部分上缴朝廷，这样就剥夺了地方的财权；将地方精锐部队编入禁军，由皇帝直接统领，拱卫京师、镇守地方，并定期更换驻地，这样地方军权也收归了中央。

讲解完这些措施，我继续展示材料并引导学生思考：我们该如何看待这些措施？

> 吾宋制治，有县令，有郡守，有转运使，以大系小，丝牵绳联，总合于上。虽其地在万里之外，方数千里，拥兵百万，而天子一呼于殿陛间，三尺竖子驰传捧诏，召而归之京师，则解印趋走，惟恐不及。
>
> ——苏洵《嘉祐集》卷一《审势》

1064年（治平元年）中央财政收支情况（北宋蔡襄《论兵十事》）			
项目	年度财政收入	年度财政开支	军费开支	军费所占比例
钱	3682万贯	3317万贯	994万贯	30%
绢	874万匹	723万匹	742万匹	103%
粮	2694万担	3047万担	2317万担	76%
草	2939万束	2952万束	2498万束	85%

——包伟民《宋朝简史》

从以上材料和图表可以看出，宋太祖采取的这些措施削弱了地方权力，有效预防了内部动乱，加强了中央集权，巩固了国家统一，无论是北宋还是南宋，都是被外敌所灭，而不是亡于内部动乱。但是，这种做法也使得政府权力分割过细，降低了行政效率，同时使制度过于僵化，助长了因循守旧的政治风气，引发了冗官、冗兵、冗费和积贫、积弱的局面。

在本课中，我引用了一系列典型史料，围绕"宋初如何革除五代之弊"这个核心问题，设置了问题串，引导学生抽丝剥茧，像历史学家一样由浅入深地分析问题，逐步探究历史背后的规律性。这个过程既能培养学生分析史料、提取整合信息的能力，又能培养学生历史解释的能力，还能培养学生辩证看待历史问题的能力。

三、专业发展推动教师成长

2014年教师节之际,习总书记到北京师范大学看望师生们,并进行座谈交流,他说:"过去讲,要给学生一碗水,教师要有一桶水,现在看,这个要求已经不够了,应该是要有一潭水。"教师的本职工作就是教书育人,要想做一名优秀的教师,前提就是自己首先要具备深厚的专业素养。

有一段时间,我很喜欢阅读苏霍姆林斯基的《给教师的建议》,里面有这样一个故事:有一次苏霍姆林斯基去听一个有着30年教龄的历史教师上一节公开课,题目是"苏联青年的道德理想"。他所在区里的教研员、官员都来听课,大家本来是要做听课记录,但因为像学生一样听得太入神、太认真,所以记录也忘记写了。事后大家在反思评价这堂课的时候,有一个老师提了一个问题,他说:"我想请教您:您花了多少时间来备这节课?不止一个小时吧?"那个历史教师说:"对这节课,我准备了一辈子。而且,总的来说,对每一节课,我都是用终生的时间来备课的。"这句话让苏霍姆林斯基特别感慨,他说了这样一段话:"怎样进行这种准备(终身备课)呢?这就是读书,每天不间断地读书,跟书籍结下终生的友谊。潺潺小溪,每日不断,注入思想的大河。读书不是为了应付明天的课,而是出自内心的需要和对知识的渴求……一些优秀教师的教育技巧的提高,正是由于他们持之以恒地读书,不断地补充他们的知识的大海……衬托着学校教科书的背景越宽广,犹如强大的光流照射下的一点小光束,那么为教育技巧打下基础的职业质量的提高就越明显。"

入职十多年以来,我深知:要想把历史课讲得清楚、讲得深刻、讲得有趣,除了多读专业图书,别无捷径。在教学之外,我大部分时间都泡在图书馆静心读书,边读书、边思考、边概括、边总结,十多年下来,积累了厚厚的读书笔记。通过尽可能全面地博览专业图书,可以培养较为扎实的专业知识,掌握最新的学术动态,开阔自己的学术视野,夯实自己的学术底蕴。这样讲出的历史才有广度和深度,才能培养学生的学习兴趣和历史思维。

当今社会,学科之间的关联性越来越强,知识的综合性越来越密切,跨学科的现象越来越突出，呈现出明显的综合性。具体表现是，对很多问题的认知，不再局限于某些学科，而是强调综合多学科知识的整合，全面分析和解决问题。就历史学科而言，对某些历史问题的认识，要从历史学科中研究发展变迁，从地理学科中分析地理因素，从政治学科中找寻政治诱因。当然，大多数学科的发展，都离不开语文学科的阅读材料、提取信息和阐释表述能力。

以历史学科为例，教师要想讲清楚中国古代思想史，就必须对中国古代政治史、思想史和哲学史有比较清楚的了解，否则就讲不清楚老子、庄子、董仲舒、程朱、王阳明；教师要想讲清楚西方思想史，就要对西方社会史和哲学史非常熟悉，对苏格拉底、柏拉图、亚里士多德、阿奎那、弗兰西斯·培根、休谟、康德了如指掌，对智者学派、犬儒学派、伊壁鸠鲁学派、基督教、德国古典哲学如数家珍，否则对西方思想史的讲解就缺乏深度，就会讲不透彻；教师要要想讲清楚中国和西方哲学史，还要对社会、经济和哲学学科的相关理论和概念有所了解。教师同时还要了解古希腊的地理环境和政治氛围，否则就不能真正讲清楚为什么苏格拉底会出现在雅典城邦。

当前，教育领域正在发生一系列重大变化，现代教育技术被广泛引入中学教学。但在这些变化的背后，教师应该有冷静的认知，教育技术能够对课堂教学起到锦上添花的作用，但替代不了教师的专业素养。教学目标的达成，还要靠教师的讲授和启发；课堂活动的开展，也要靠教师的组织和引领。这对教师的专业要求不是降低了，而是提高了。无论教育领域如何变化，教师的专业素养才是教育教学的源头，只有具备了教师专业成长这个"活水源头"，教育才能有长久健康的发展。

四、实践创新提升教师教学能力

在以往的教学实践中，我深刻感受到，教学中经常会遇到新问题，这些新问题曾让我陷入迷茫。例如，新教师首要的任务是把知识讲清楚，如何才能讲清楚？如何把历史的知识性和趣味性结合起来，调动学生的学习热情？在慢慢学会把历史讲清楚之后，接下来应该如何培养学生的历史能力和历史素养？如何让学生在学习过程中培养社会责任感和历史使命感？在工作的不同阶段，总会遇到不同的困惑。

有一次，我跟海淀区教研员刘汝明老师交流，谈到了我的困惑。他说："说到底，历史学习究竟应该让学生经历怎样的思维过程，才能完成历史细节了解、概念形成、知识结构建构、学科方法规范体悟、历史认识提升、历史智慧迁移应用等。对于这些问题，需要静下心来想，用心去思考和实践。不要热衷于一窝蜂、赶热闹，听到新说法、新名词就开干。"他的话给了我很大启发，他提到的每一个问题，都是教学中可以深入挖掘的点，都值得我静下心来思考、创新和实践。

比如如何构建学生的知识结构？一般来讲，可以从两个维度入手：微观和宏观。从微观到宏观地学习基础知识，这个过程要精细，要把重要知识掰开了、揉碎了，把知识讲清楚，这样可以从一个知识点扩展到一节课的知识，到一个单元的知识，到整本书的知识；从宏观到微观地构建知识结构，这个过程要全面系统，要站在历史变迁的高度看一个历史阶段，站在一个历史阶段的高度看一个历史事件，这样对历史事件的关联才能认识清楚，对历史事件的定位才能更加准确。

教育的过程对教师而言，就是不断面对新问题、不断解决新问题的过程。在这个过程中，教师要运用创造性思维，不断提升自身的教学能力。对这些问题的思考，迫使我不断反思自己的教学实践，改善自己的教学水准。

今天能有机会，静下心来对自己的教学经历进行总结和反思。我发现，十余年教育工作带给我的，除了获得感，更多的是敬畏感。教学越久，越发现自己的专业和学识欠缺很多，对教育的思考和创新远远不足。敬畏学生、敬畏专业、敬畏教育，让我在成长之路上踔厉奋发，笃行不怠。

原文发表于《海淀教育》2020年第5期，略有修改

总　论
历史教学的三重境界——以中学历史核心素养为中心

党的十九大报告明确提出："要全面贯彻党的教育方针，落实立德树人根本任务，发展素质教育，推进教育公平，培养德智体美全面发展的社会主义建设者和接班人。"中学历史教学承担着落实党的教育方针、贯彻新时代的教育理念、实践发展素质教育的教育目标、助力学生全面成长的任务，在立德树人中发挥着关键作用。

如何将党的教育方针落到实处？如何践行中学历史教学的教育功能？教育部颁布了2017年版2020年修订的《普通高中历史课程标准》，对中学学科核心素养做出了明确规定："学科核心素养是学科育人价值的集中体现，是学生通过学科学习而逐步形成的正确价值观、必备品格和关键能力。"其中，历史学科核心素养主要包括五个方面：唯物史观、时空观念、史料实证、历史解释和家国情怀。笔者认为，历史学科核心素养的这五个方面可以进一步归纳提炼为历史教学的三重境界：历史教学的广度、历史教学的深度和历史教学的温度。下面，笔者尝试从贯彻落实历史学科核心素养和历史教学三重境界的角度，谈谈自己对中学历史教学的思考和实践。

一、讲出有广度的历史

什么是历史？这是每一个学习历史的人必然要思考的问题，也是学习历史的切入点。不同的人，对"历史"的定义是不一样的。东汉的许慎在《说文解字》中分别对"历"和"史"进行了解释：

"历，过也，从止，厤声"；

"史，记事者也。从又持中。中，正也。凡史之属皆从史。"

复旦大学葛剑雄教授指出："历史不仅是指过去的事实本身，更是指人们对过去事实有意识、有选择的记录。"《大英百科全书》对"历史"的描述是："历史一词在使用中有两种完全不同的含义：第一，指构成人类往事的事件和行动；第二，指对此种往事的记述及研究模式。前者是实际发生的事情，后者是对发生的事件进行的研究和描述。"

简单来说，"历史"可以包括三个层次：过去发生的事实、对过去发生事实的记录、后人对历史事实的研究和评述模式。作为历史的记录者，史家要做到公正客观、秉笔直书，不可以歪曲历史、欺瞒误导大众。

从构成要素来看，历史基本包括时间、空间、人物和过程，其中时间和空间构成了历史的时空二维性。任何历史事件都是在特定的时间和具体的空间条件下发生的，离开了时间和空间，历史事实就无法存在了。这在中学历史核心素养中体现为时空观念和史料实证。所谓时空观念，是在特定的时间联系和空间联系中，对事物进行观察、分析的意识和思维方式。所谓史料实证，是指对获取的史料进行辨析，并运用可信的史料努力重现历史真实的态度与方法。

基于以上分析，笔者认为，在中学历史教学中，教师应该努力讲出有广度的历史。历史事件的发生绝不是偶然的、突发性的，事件之间一定存在关联。梁启超先生将这种关联概括为"因果律"，简单地说，就是历史事件之间必然存在因果关系，一件历史事件必然存在"前因"，也必然会引发"后果"。因此，教师在讲课时，除了梳理课本知识外，更应该关注历史事件的关联性，把历史事件的来龙去脉讲清楚，把历史事件之间的内在逻辑说明白，才能让学生知道历史为什么是这个样子。把历史事件的发展演变和前后关联讲清楚，是历史教学的基本要求。

比如，旧版人教版高中历史必修三"文艺复兴和宗教改革"一课，课本开篇就介绍资本主义萌芽和文艺复兴成就，这种教学设计简单直接，但也存在问题：从第五课"西方人文主义思想的起源"到第六课"文艺复兴和宗教改革"之间缺乏合适过渡，也就是对中世纪的历史缺乏叙述，导致学生对"文艺复兴"的历史背景和定位认识不清，对"人文主义"的伟大意义认识不到位。在讲授"文艺复兴"之前，我先大致向学生讲述了中世纪时期的西欧历史。

中世纪时期，天主教神学笼罩着西欧，整个社会都处于神学统治之下。教会宣称人类的祖先亚当和夏娃因为偷食禁果，被上帝赶出伊甸园，因此人类自从出生起就带有"原罪"。在人的生长过程中，也会犯下各种过错，这些都是属于个人的"本罪"。总体而言，教会宣扬：人类是生而有罪的。既然人生有罪，那就要在一生中不断赎罪。如何赎罪呢？教会宣扬三大主义：禁欲主义、蒙昧主义和来世主义。只要人虔诚信仰教会，在现世生活中禁欲和受苦受难，死后就可以升入天堂。除此之外，基督教会还控制着西方的经济命脉，占有大量土地和财产；操控着西方国家的政治权力，干预世俗国家的政治，宣扬"教权高于王权"；垄断着西方各国的教育，实行文化专制主义，宣传宗教神学；教会还控制着人们的日常生活，一个人从生到死，都离不开教会。为了镇压敢于质疑教会权威的宗教"异端"，教会还设立专门的宗教裁判所。当时宗教神学成为最主要的学问，"获得了至尊无上的地位，宗教信条成为人们思想的出发点"。

讲清楚了中世纪时期宗教神学的统治地位，才能理解文艺复兴时期提倡人文主义的伟大意义。人文主义者提倡的享乐主义，正是针对天主教会宣扬的禁欲主义；人文主义者提倡的理性主义，正是针对天主教会宣扬的蒙昧主义；人文主义者提倡的现世主义，正是针对天主教会宣扬的来世主义。只有与中世纪对比，才能更好地体会人文主义的内涵，体会文艺复兴的历史意义。

历史知识和历史事件从来不是孤立的，是存在内在关联的。只有把握住知识的广度，才能提供给学生更广阔的历史视野，进而发现历史事件之间的内在关联，引导学生从更宽广的角度去审视历史事件。

二、讲出有深度的历史

广度提供历史视野，深度培养思维品质。我们学习历史的目的，不仅是对历史知识进行梳理、对历史过程进行考察，更重要的是通过探究历史的来龙去脉，为后世提供借鉴。历史不会简单地重复，但总会惊人地相似。这些相似的历史背后，就是我们可以吸取的经验教训。唐太宗在悼念魏征时说过："以铜为镜，可以正衣冠；以史为镜，可以知兴替；以人为镜，可以明得失。"司马光编纂《资治通鉴》的目的是"删削冗长，举撮机要，专取关国家盛衰，系生民休戚，善可为法，恶可为戒者，为编年一书，使先后有伦，精粗不杂"。宋神宗认为该书"鉴于往事，有资于治道"，故而钦赐书名《资治通鉴》。

历史教学，不是简单地讲授历史过程的来龙去脉，让学生记忆历史知识应付考试，而是需要通过讲授历史，引导学生深入分析研究历史，揭示历史事件的复杂性，探寻历史背后的规律性，并通过历史解释，培养学生的唯物眼光和历史素养。这在历史学科核心素养中，表现为唯物史观和历史解释。所谓唯物史观，是指揭示人类社会历史客观基础及发展规律的科学的历史观和方法论。借助唯物史观，培养学生对历史形成由表及里、逐渐深化的认识，透过复杂的历史表象，认识历史的本质。在唯物史观的引领下，全面搜集、整理和辨析史料，并以史料为依据，对历史事件进行理性分析和客观评判，不仅描述历史过程，还要揭示表象背后的深层因果关系。

有深度的历史课堂，不能只停留在说教层面，而是通过层层递进地分析史料，引导学生逐步揭示历史事件背后的规律，使学生在学习和分析过程中培养历史能力和素养，最终形成学生自己的历史认识和历史解释。这对老师的专业素养提出了很高的要求。

比如，在讲授《中外历史纲要》（上）"人民解放战争"一课时，我没有急于讲授重庆谈判，而是先把国共双方在抗战胜利后的斗争用相关的历史档案资料依次展示给学生。

1945年8月11日，抗日战争即将胜利，蒋介石连续下达了三道命令：

电陆军总司令何应钦上将："该总司令对敌后各要点、要线之挺进占领……仰即日拟具详细计划呈核"。

"我沦陷区各地下军及各地伪军，应就现驻地点，负责维持地方治安……不得受未经本委员长许可之收编。"

"延安第十八集团军（八路军）朱总司令……所有该集团军所属各部队，应就原地驻防待命……各部队勿再擅自行动为要！"

——秦孝仪《蒋公大事长编初稿》

从三则材料中可以看出，蒋介石一方面督促国民党军队尽快抢占沦陷区；另一方面命令日伪军继续维持治安，不准向共产党军队投降；同时要求八路军就地驻防，不准接受日伪军投降。1945年8月14、20、23日，蒋介石三次"诚恳"地邀请毛泽东到重庆"共商国是"。讲到这儿，我问学生：蒋介石为什么邀请毛泽东到重庆谈判？

目前与奸党谈判，乃系窥测其要求与目的，以拖延时间……如彼不能……屈服，即以土匪清剿之。

——1945年9月20日，蒋介石给各战区司令长官密电

如毛泽东果来则可使其就范，如其不来，则中央可以昭示宽大于天下，而中共将负破坏统一之责。

——《在蒋介石身边八年：侍从室高级幕僚唐纵日记》

根据材料，我们可以分析出蒋介石的如意算盘：如果毛泽东去重庆，他可以布下"鸿门宴"，迫使毛泽东就范；如果毛泽东不去重庆，他就可以把发动内战的责任推到共产党头上。

为了揭露美蒋"假和平，真内战"的图谋，1945年8月28日，毛泽东在美国驻华大使赫尔利、国民政府代表张治中的陪同下，从延安飞赴重庆，共商和平建国大计。在延安机场，毛泽东对将领们说："此去重庆，谈成了对人民有利，对中国的和平建设有利。万一谈不成，蒋介石把我扣起来作为人质，他坚持内战的嘴脸便暴露无遗。"

毛泽东到达重庆后，蒋介石措手不及。后续的谈判期间，中共采取攻势，国民政府处于守势，最终双方签署了《双十协定》，规定坚决避免内战，建设独立、自由和富强的新中国。

这个问题分析到这儿，学生可以得出以下三点认识：

第一，历史从来不是单向的、一维的，而是各种力量共同作用的结果，历史过程是非常复杂的；

第二，重庆谈判前夕，国内外形势异常复杂、暗流涌动，重庆谈判及《双十协定》的签订对于争取和平、避免内战起到了积极作用；

第三，中国共产党始终以人民的利益为出发点，始终代表最广大人民的根本利益，重庆谈判本身就是中国共产党积极争取的结果。

三、讲出有温度的历史

历史的主角是人和事。人是有温度的，历史也就有了温度。虽然历史上不乏波谲云诡、阴谋诡计，但历史的主流是善良，是人性，是道德。设置历史课程的主要目的不是让学生变成阿谀奉承的阴险小人，也不是让学生成为趋利避害的精致的利己主义者，而是要通过历史人物和历史事件的熏陶，让学生成为有担当、有追求、有能力、有情感的未来社会的主人翁。这也是历史学科核心素养的家国情怀。家国情怀是学生学习和探究历史应具有的人文追求，体现了对国家富强、人民幸福的情感，以及对国家的高度认同感、归属感、责任感和使命感。同时，学习和探究历史还应该充满人文情怀，并关注现实问题，以服务于国家强盛、民族自强和人类社会的进步为使命。

在关注立德树人的时代背景下，历史学科是一个很重要的德育阵地，只要运用妥当，可以很好地发挥德育作用，为学生全面发展助力。在历史学科中贯彻德育，不能简单说教，而应充分挖掘历史资源，发掘古人的示范性引领作用，以古人为模范，向古人看齐，"虽不能至，然心向往之"。

中国传统文化和西方文化中都蕴藏着非常丰富的教育事例，对于培养学生的责任感和使命感能起到非常好的推动作用，教师应该注意发掘和利用。

比如《中外历史纲要》（上）第 2 课"诸侯纷争与变法运动"，其中，讲到了儒家的创始人孔子。在讲授这部分时，我没有像以往那样处理，开始就讲孔子的思想，而是从孔子的家世和生平入手。孔子的第十四世祖是微子启，不满商纣王的暴虐，屡次劝谏无果，于是弃暗投明，投奔了周武王。周武王伐纣灭商后，微子启被封为宋国诸侯，成为宋国第一代国君。到了十世祖弗父何时，孔子的祖先地位降为卿。到了六世祖孔父嘉，因故被太宰华督谋杀。为了免遭华氏迫害，孔子的三世祖逃往鲁国，成为大夫。从诸侯到卿，再到大夫，孔子的家世逐渐没落，但无论如何，孔子家族仍然属于贵族。周朝实行"学在官府"的制度，只有贵族才可以接受教育，孔子属于贵族，自然可以接受教育。不过正是由于他出生于没落贵族，才体会了人世冷暖，正如他所说："吾少也贱，故多能鄙事。"

后来，孔子曾经担任鲁国高官，但遭到了排挤，他愤而周游列国，宣传自己的思想，这一年，他55岁。孔子带领弟子先后周游了卫国、曹国、宋国、郑国、陈国、蔡国等国，最后返回鲁国，聚徒讲学，整理典籍。在周游途中，孔子曾经多次遭遇险情，《列子》一书将孔子所遭受的磨难概括为："穷于商周，围于陈、蔡，受屈于季氏，见辱于阳虎。"阳虎是鲁国卿大夫，他没有提前请示就擅自带兵穿过匡人国境去郑国，因此得罪了匡人。孔子外貌很像阳虎，当他周游到匡国时，被匡人误认为阳虎，围困了五天。弟子们焦虑万分，孔子淡然地说："天之将丧斯文也，后死者不得与于斯文也；天之未丧斯文也，匡人其如予何？"后来经过再三解释，才最终消除了误会，孔子一行安全离去。后来孔子在郑国都城与弟子失散，被人嘲笑为"丧家之犬"；他和弟子在陈国和蔡国之间被围困，粮食断绝。这一连串的挫折，不但没有消磨孔子的志气，反而使他更加淡定和从容。正如余秋雨所说："孔子对我们最大的吸引力，是一种迷人的'生命情调'——至善、宽厚、优雅、快乐，而且健康。他以自己的苦旅，让君子充满魅力。"无论是孔子"十五有志于学"，还是他颠沛流离的周游列国生活，对学生而言，都是一种重要的人生体验，可以提升对圣人的直接感知，体会孔子那种坚韧不拔的精神。

类似孔子这样的课例其实还有很多，有待教师们去挖掘和提炼。这些素材不在课本知识之中，但它们对学生的启迪和影响远超课本知识。历史人物的人格感染力超过教师的说教，是重要的教育资源。

四、小结

对于刚刚迈入中学历史教学的新教师来说，历史是课本知识，是课程标准。作为新教师而言，应该着力研究教材和课标，把它们理解透彻了，把知识讲明白了。但这仅仅是个开始，接下来需要投入更多精力回归历史学科本身，探究历史的本质，从更宏观的角度研究历史的来龙去脉，讲出历史的广度和深度。这一点做好了,还不是最终的目的,因为任何学科服务的对象都是学生的终身成长,目的不仅是教给学生知识和技能,更重要的是教会学生为人处世,培养他们的社会责任感和使命感,培养有担当、有能力的未来公民,最终实现立德树人。这就是历史教学的三重境界。

原文发表于《中国教师》2019年第4期,略有修改

目　录

第一章　讲出有广度的历史　　　　　　　　　　　　　　　　　1
　第一节　教科书插图要审慎　　　　　　　　　　　　　　　　2
　第二节　从苏格拉底之死看雅典民主政治　　　　　　　　　　8
　第三节　因时而变　随事而制——浅谈孝文帝改革　　　　　15
　第四节　英国政治制度教学中需要注意的几个问题　　　　　21
　第五节　中世纪欧洲封建主为何不使用火药武器　　　　　　29
　第六节　中学实践课程的开发探究——以"走进圆明园"实践
　　　　　课程为中心　　　　　　　　　　　　　　　　　　35
　教学课例1　学科阅读引领下的历史教学设计——以戊戌维新运动
　　　　　　　为中心　　　　　　　　　　　　　　　　　　41
　教学课例2　时代大视野中的十月革命　　　　　　　　　　51

第二章　讲出有深度的历史　　　　　　　　　　　　　　　　65
　第一节　新课改背景下教研方式的变革与应对　　　　　　　66
　第二节　提纲挈领　举重若轻——读《中国哲学简史》有感　73
　第三节　是谁做出了中国拒签《凡尔赛和约》的决定——以近代
　　　　　著名外交家顾维钧为视角　　　　　　　　　　　　78

第四节　巧用事例化解教学难题——以旧版人教版高中历史必修三
　　　　　"宋明理学"为例　　　　　　　　　　　　　　　　　87
第五节　批注式阅读在高中历史教学中的有效运用　　　　　92
教学课例1　基于核心素养的历史研究课设计浅探——以旧版人教版
　　　　　高中历史必修二"对外开放格局的初步形成"为例　　99
教学课例2　回到历史的情境中——五四运动教学设计　　　106

第三章　讲出有温度的历史　　　　　　　　　　　　　　117
第一节　关注教师的专业成长　　　　　　　　　　　　　118
第二节　新时代中小学教师关键能力及养成路径浅析　　　123
第三节　新时代师德培养的几点思考　　　　　　　　　　130
第四节　核心素养引领下的高中历史教学浅探　　　　　　136
第五节　循序渐进　环环相扣——历史学习"四步法"　　147
教学课例1　核心素养引领下对历史教学的反思——以鸦片战争
　　　　　为例　　　　　　　　　　　　　　　　　　153
教学课例2　人应该过什么样的宗教生活——宗教改革再审视　162

第一章
讲出有广度的历史

生态智慧教育，是课堂启发式的教育。教育的重要使命，就是唤起学生的好奇心，激发学生的求知欲，从而培养他们热爱阅读、追求真理的生命情怀。为了培养学生的求知欲，教师需要在课堂上拓展学生的历史视野，建立历史事件之间的关联性，通过设置恰当的问题，引导学生主动思考、深入探究，这样既可以探索历史规律，探究历史发展的逻辑，实现多元发展，还可以点亮学生思想，启迪学生智慧。

第一节　教科书插图要审慎

旧版的人民教育出版社主编高中历史必修一第3课"从汉至元政治制度的演变"中，引用了一幅彩图，定名为"北宋文官出行图"。该图被用来反映北宋时期文官地位提高，但经过仔细对比分析，笔者发现，该图（图1-1-1）并不是"北宋文官出行图"，而是绘制于北宋中期的《大驾卤簿图书》。特此提出异议，以求教于方家。

图1-1-1　《大驾卤簿图书》

一、"卤簿"制度缘起

卤簿是古代帝王出行时前后仪仗、车马及伴驾人员的总称。卤，通"橹"，《说文解字》解释为"大盾也"。"卤"的本意是作战时防护用的大盾。贾谊在《过秦论》中写道："伏尸百万，流血漂橹。"用来形容战况激烈、死伤无数，血流成河，都能让大盾漂浮起来。后来，"卤"的含义逐渐演变为对君主的护卫。同时，"卤"的内涵也在不断丰富，添加了仪式和乐舞，形成了一整套完整的礼仪制度。"簿"，册簿之意，"甲楯有先后部伍之次，皆著之簿籍"①，就是把帝王车架数量、装饰和随行人员的等级写入典籍，供后代遵循。总体而言，卤簿的作用包括护卫帝王及随行人员的安全、

---

① 封演. 封氏闻见记校注［M］. 北京：中华书局，2005.

显示皇帝独尊和至高无上的权威、规范等级尊卑等,是皇室地位的象征。

卤簿之制早在秦汉时期就已经出现,唐朝封演的《封氏闻见记》卷五记载:"舆驾行幸,羽仪导从谓之'卤簿',自秦、汉以来始有其名。"① 秦始皇吞并六国后,东游南巡,所到之处,仪仗极盛,仅是随驾的属车就达到八十一乘之多,引得亭长出身的刘邦感叹道:"大丈夫当如此也!"项羽也慷慨地说:"彼可取而代也!"汉承秦制,大驾属车也有八十一乘,五色大旗飘扬,百官衣着鲜明,卫士旌旗蔽野,威风凛凛,显示出皇家气派。《后汉书·百官志》记载:"天子每出,奏驾上卤簿。"②《西京杂记》中记载的汉武帝时使用的"甘泉卤簿",反映了汉朝大驾卤簿的规模之盛,也反映了汉朝国力之强盛。

汉代以后,卤簿制度被历代统治者沿用,其仪仗规模也不断扩大。唐宋时期是中国封建王朝非常繁盛的时代,卤簿制度日趋盛大,尤其是宋代儒学复兴,更加注重礼仪制度,推动卤簿制度日益完善。唐代皇帝出行时,由万年县令作为前导;京兆牧、太常卿、司徒、御史大夫、兵部尚书等官员依次随行;护卫执仗随扈;还有乐器奏乐,卤簿仪仗之盛,远超秦汉。

宋代卤簿制度基本仿照唐朝《开元礼》,没有明显差别。《宋史》记载:"綦天下之贵,一人而已。是故环拱而居,备物而动,文谓之仪,武谓之卫。一以明制度,示等威;一以慎出入,远危疑也。"③ 卤簿凸显了北宋皇帝的至尊地位。南宋时期,偏安一隅,财政紧缩,卤簿仪仗有所压缩,但规模依然庞大,约有 6 689 人。

元朝建立后,仿效汉人,恢复卤簿仪典。明朝初年,百废待兴,一切卤簿仪仗比较俭省,但仍然比南宋盛大。明朝卤簿仪仗由锦衣卫都督掌管,凡朝会、巡行都准备卤簿。清朝设銮仪卫专掌卤簿仪仗,卤簿制度臻于完善,在《清朝文献通考》中有详细记录。

二、宋代卤簿制度

随着宋代理学的兴起和发展,统治者更加重视礼制,这使得宋代卤簿

---

① 封演. 封氏闻见记校注 [M]. 北京:中华书局, 2005.
② 范晔. 后汉书 [M]. 李贤, 等注. 北京:中华书局, 1973.
③ 脱脱. 宋史 [M]. 北京:中华书局, 1977.

制度得到发展，各项规制日渐完备，规模宏大，等级森严。据《宋史·仪卫志》记载，宋代卤簿分为四等：第一等为大驾，"郊祀大飨用之"，主要用于南郊祭天大礼，最为隆重；第二等为法驾，"方泽、明堂、宗庙、籍田用之"，主要用于祭祀方丘（地祇）、明堂（帝王宣明政教、举行大典之地）、宗庙（皇帝家庙）、祈年（天子躬耕，提倡重农），形式也非常隆重；第三等为小驾，"朝陵、封祀、奏谢用之"，主要用于祭拜先帝陵寝、封禅祭祀和奏谢，隆重程度仅次于法驾；第四等为黄麾仗，"亲征、省方还京用之"，主要用于天子亲征、巡视四方和还京。①

早在北宋初期，为了便于将士演练仪仗，宋太宗命人绘制三幅《卤簿图》，珍藏于秘阁之中。宋仁宗时，命"博通经史百家"的宋绶著《卤簿图记》十卷。国家博物馆藏《大驾卤簿图书》就是宋人在宋绶《卤簿图记》基础上制作完成的，是现存最早的一卷大驾卤簿图书。②《大驾卤簿图书》全图绢本，卷首字为"大驾卤簿图书"。图书上端分段标注题榜、沿革说明、官吏人物品秩名数。全图总计有官吏将士五千四百八十一人，辂、辇、舆、车三十五种五十八乘，象六只，马二千八百七十三匹，果下马二匹，牛三十六头，旂、旗、旆、纛九十杆，乐器一千七百零一件，兵杖一千五百四十八，甲装四百九十四，仪仗四百九十七，体现了皇帝前往城南青城祭祀天地时的宏大场面。③

《大驾卤簿图书》绘制时间应在皇祐五年（公元1053年）至治平二年（公元1065年）之间，是研究宋代舆服、仪仗、兵器、乐器等制度的重要资料。图卷前有《大驾卤簿中道官吏人物名数篇》，记载有"象六""六引""金吾纛鞘"等四十一段。《大驾卤簿中道人物品制详目》中记载了"六引"的详细内容，包括赤县令一员（正五品，即京畿县令）；神州牧一员（从二品，即京兆州牧）；太常卿一员（正三品）；司徒一员（正一品）；御史大夫一员（从一品）；兵部尚书一员（正三品）。但该图中的前三引，即赤县令、神州牧和太常卿已经被毁掉。

---

① 脱脱. 宋史［M］. 北京：中华书局，1977.
② 吕树芝. 宋人绘《大驾卤簿图卷》（部分）［J］. 历史教学，1984，5：64.
③ 陈鹏程. 旧题《大驾卤簿图书·中道》研究［J］. 故宫博物院院刊，1995，5：76—85.

旧版人教版高中历史必修一所选,为御史大夫车(大夫车)和兵部尚书车(尚书车)两部分。

按照《大驾卤簿图书》记载,御史大夫为从一品,出行时享受一品卤簿。其卤簿的排列顺序为:

清道官四人。

持幰弩一人。

持挏鼓一人,在左;持金钲一人,在右。穿圆领大袖赭红色袍服。

持大鼓十六人,分为两队(两重)。

持长鸣十六人,分为两队(两重)。

持节一人,居中。

夹稍(通槊,古代兵器)二人。

诞马(仪仗队中不施鞍辔的备用马)二匹。

大夫车一乘,赤色,革车,车厢长方形,圆顶。车后斜插幢、麾各一。马四匹,驭者二人,左右奉驭各四人。

尚书车位于大夫车之后。北宋时期,兵部尚书为正二品,出行时享受二品卤簿,排列顺序为:

清道官二人。

持幰弩一人。

持挏鼓一人,在左;持金钲一人,在右。穿圆领大袖赭红色袍服。

持大鼓十人,分为两队(两重)。

持长鸣十人,分为两队(两重)。

持节一人,居中。

夹稍(通槊,古代兵器)二人。

诞马(仪仗队中不施鞍辔的备用马)二匹。

尚书车一乘,赤色,革车,车厢长方形,圆顶。车后斜插幢、麾各一。马四匹,驭者二人,左右奉驭各四人。

三、《大驾卤簿图书》不能显示文官威仪

旧版人教版高中历史必修一第3课"从汉至元政治制度的演变"使用

的"北宋文官出行图",原图截取自《大驾卤簿图书》,现藏于中国国家博物馆(图1-1-2)。

图1-1-2 《大驾卤簿图书》

基于以上分析,旧版人教版高中历史必修一把《大驾卤簿图书》节选部分,定名为"北宋文官出行图"并不恰当。

首先,从狭义而言,《大驾卤簿图书》反映的是皇帝南郊祭天的宏大场景,百官伴驾,扈从众多,而并非是文官单独出行。庞大的文官队伍只是皇帝仪仗队的构成部分。此时御史大夫和兵部尚书的仪仗是从属于皇帝大驾卤簿的,其规模是附属于皇帝的。换而言之,正是由于作为皇帝祭天仪仗队的组成部分,御史大夫和兵部尚书的仪仗队才有了如此规模和气势。因此教材取名"北宋文官出行图"并不合适。

其次,从广义而言,《大驾卤簿图书》并不能恰当地反映北宋文官地位之高。自从秦汉时期卤簿制度创设以来,皇帝出行便有大量官员和卫士随同,鼓乐齐鸣,旌旗盈野。隋唐时期,皇帝出行时由卫士警跸,击鼓传音,大驾由万年县令作为前导,后面依次是京兆牧、太常卿、司徒、御史大夫和兵部尚书等官员。车马仪仗有五路车,每路车都配有副车,其余马队、步队成千上万,各执仪仗护卫。乐器有㧍鼓、金钲、大鼓、铙鼓、箫等,按时奏乐。卤簿仪仗浩浩荡荡,绵延数里,规模盛大,与宋朝并无明显差异。北宋实行崇文抑武的政策,文官地位提高,这是事实。但是,仅仅以官员伴随皇帝出行的仪仗,来反映北宋文官地位之高,并没有足够的说服力。

四、教科书选用图片应谨慎

历史图片浓缩了很多历史信息,使历史教学更加直观和形象。恰当的图片会加深学生对历史的感知,对教学起到事半功倍的效果。但是,如果选用了不恰当的图片,就会让学生产生误解。因此,谨慎恰当地选择历史图片资料就显得尤为重要。

出版社在选择该图片时,初衷是想通过该图片强调北宋文官地位之高,却没有对该图片进行深入考证。其实在国家博物馆网站上就有这张图片,明确指出该图全称为《大驾卤簿图书》,并配有简单的文字说明。仔细研究该图,我们可以看到图画上方有清晰的文字说明,详细介绍了大驾卤簿各部分的人员及车驾构成。然而出版社只是截取部分图片,文字说明被有意无意地忽视了,这样就导致师生只看到该图中文官出行队伍的庞大和隆重,而不能去细究官员的隆重其实源于皇帝的威严,官员隆重的仪仗是从属于皇帝的仪仗。毫无疑问,这样断章取义地截取图片,不但不能恰当地反映历史问题,反而会对教学产生干扰,这并不是科学的、实事求是的态度。

教科书是广大师生学习历史的样本,因此,选择教科书的资料和图片关系匪浅,我们应该本着科学、互证的精神,谨慎、认真地选择图片资料。

原文发表于《中学历史教学参考》2014年第1期,略有修改

第二节 从苏格拉底之死看雅典民主政治

历史是由一系列具体历史事实组成的，经过历史学者的研究分析，概括出历史知识，提炼出历史理论。这些历史知识和理论虽然具有很强的科学性和高度的概括性，但如果硬生生地摆在一群缺乏对史实了解的高中学生面前，不免枯燥乏味。旧版人民教育出版社编写的高中历史必修教材知识简洁，线索清楚，条干清晰，但枝简叶稀，缺乏丰富的史实细节，淡化了历史的趣味性。不过，这种编写方法倒是可以给老师们自由展示才华、灵活选择史实进行教学提供了更多空间。教师可以依托自己的专业基础，通过补充历史细节，使历史课堂更加丰富有趣。在讲解古代希腊民主制度时，我没有干巴巴地讲授相关知识，而是选择以苏格拉底之死作为切入点，以问题链的方式引领学生全面认识希腊民主制度。

法国学者让·布伦曾这样评价苏格拉底："确切地讲，整个西方文化都是苏格拉底和基督教的遗产。"① 如此之高的评价，苏格拉底是当之无愧的。苏格拉底曾经是他那个时代最优秀的思想家、哲学家，然而他又不仅仅属于那个时代，他的话语和思想属于所有时代，属于永远，正如法国哲学家格勒依桑所说："苏格拉底，这个人，是永不枯竭的。"②

公元前470年，苏格拉底出生于雅典城的阿洛佩斯区，母亲是接生婆，父亲是名雕刻家。他自幼生长在民主制发达的伯利克里时期，壮年时经历了伯罗奔尼撒战争，目睹雅典由盛而衰的历程。70岁时，被控败坏青年和不信城邦诸神而遭到陪审法庭审讯。公元前399年服毒而死。

如果从外貌看，谁也不会把苏格拉底和"智慧"二字联系起来。据称，他秃顶、有须，鼻子扁平，双眼突出，身材矮胖，希腊人把他比喻为又老又丑的"森林之神"。但是在这丑陋的外表下，却有着一个古希腊最睿智的大脑和最雄辩的口才，这些最不相关的特征竟然奇迹般地集中在苏格拉底身上。

---

① [法] 让·布伦. 苏格拉底 [M]. 傅勇强，译. 北京：商务印书馆，1997：119.
② [法] 让·布伦. 苏格拉底 [M]. 傅勇强，译. 北京：商务印书馆，1997：59.

苏格拉底壮年时期，雅典民主制已经出现危机，社会道德滑坡，公民各行其是，政客摇唇鼓舌，法庭审判不公，雅典犹如一匹驽马。苏格拉底深为不满，将满腔学识用于拯救雅典民主制危机。他把自己形容为一只牛虻，整天不停地刺痛雅典人，给他们提建议，揭露人们内心的无知和虚伪，希望唤醒雅典人的公民意识。

苏格拉底把毕生精力用于教育引导雅典人，他的教育方式是对话。他认为人只能自己探求知识，而不能由别人传授。他不知疲倦地对过往行人提出问题，引导人们去探索答案。虽然他跟别人的对话总是以问号结束，但他提出的问题却动摇了人们的偏见和无知，揭露了人们的自以为是，促使其自己寻求知识。他的这种启发式教育方式，被称为"助产术"式的教育。他像牛虻一样困扰着雅典人，迫使他们不断进行痛苦的自我反思，不让他们止步于痼弊和偏见。德国哲学家卡尔·雅斯贝斯这样评价苏格拉底："他的这一谈话方式是全新的、对于雅典人来讲是不同凡响的：这是能诱发、扰乱以及抑制内心深处灵魂的谈话。"①

伟人的伟大之处在于他们能洞察时势，但这也注定了他们是孤独的先行者，要忍受普通人的误解，甚至付出生命的代价。苏格拉底正是这样一位孤独的先行者。公元前399年，安涅托斯、吕孔等人一纸诉状把苏格拉底告上法庭，罪名是不承认国家公认的神而引入新神，更大的罪是腐蚀青年，要求法庭对其判处死刑。

虽然被提起诉讼，但苏格拉底毫不妥协。他在法庭上发表了长篇自辩，高声控诉道："只要我还活着，还有力量，那我是不会停止我的哲学活动的——询问我所遇到的任何人：你，我的朋友，一个伟大、强有力、智慧的城邦雅典的公民，你不可耻吗？——大积其钱，追求名声，却不关心智慧、真理和灵魂的改善，难道不觉得羞耻吗？"② 由于他态度坚决，拒不承认自己犯了错，以嘲弄的口气激怒了大部分陪审员，经过投票，苏格拉底被判处死刑。

---

① ［德］卡尔·雅斯贝尔斯. 大哲学家［M］. 李雪涛，译. 北京：社会科学文献出版社，2005.
② 吴晓群. 希腊思想与文化［M］. 上海：上海社会科学出版社，2012.

讲述完苏格拉底的生平后，我向同学们提出了三个问题：

第一，是谁杀死了苏格拉底？

针对这个问题，学生们展开了激烈的讨论。有的人说是陪审法庭判处苏格拉底死刑，这是事实。有的人说是起诉苏格拉底的人将他迫害致死，这也是事实。但这两种答案只停留在事实本身，并未深入思考问题实质。还有的同学说是苏格拉底自己杀死了自己。这种观点倒是有些异乎寻常，不过仔细想来，也有道理。正是由于苏格拉底坚持不懈地揭露雅典人内心的虚伪和无知，才引发了部分自以为是的雅典人的反感，他们操纵陪审法庭，将苏格拉底处死。

至此，该问题的讨论已经渐入佳境，应该考虑到的视角，学生也基本想到了。我给学生展示了两段材料：

苏格拉底真正的敌人并不是起诉他的人，而是社会习俗、宗教信仰及大众内心的恐惧。

为传统所束缚的群众本能的起来反对一个具有卓越智慧力量的人。①

在思想的广度和深度方面，苏格拉底明显领先于当时的人。被传统思想束缚的社会群体，对苏格拉底超越时代的思想和直至内心的教育方式感到集体恐慌。他们认为，苏格拉底超前的思想动摇了他们内心的传统意识和固有成见，引发了思想的混乱。因而他们发自本能地对苏格拉底进行还击，力图通过肉体消灭的方式，铲除苏格拉底思想的传播，维持他们熟悉的传统和文化。

在雅典的传统文化中，宗教神学居于主导地位。雅典众多的节日庆典和体育竞技都来源于宗教仪式。在活动过程中，通过履行集体仪式，培养城邦公民群体共同的敬畏和意识，以此将不同的个体紧密联系在一起，"从而形成一种社会伦理控制的巨大力量"，使城邦的稳固性得到增强②。正如洪涛所指出的那样："城邦的整个生活，渗透着神性，希腊人是与神生活在一起的。我们只有理解'神'的因素在希腊人生活中的作用，才可理解希

---

①② 吴晓群. 希腊思想与文化［M］. 上海：上海社会科学出版社，2012.

腊人的城邦。"① 理解了宗教和传统因素在希腊人生活中的地位，我们就可以明白，不是起诉人或陪审法庭杀死了苏格拉底，而是雅典的传统文化和宗教神学。有时候，传统是宝贵的财富，也是沉重的负担。

紧接着，我又抛出第二个问题：苏格拉底之死反映了雅典民主制的哪些特点？

从审判程序看，雅典民主既具有形式上的平等，又具有实质上的民主。在伯利克里时期，雅典民主制达到顶峰。当时几乎每一个成年公民都可以参加公民大会，商定城邦重大事务，审议并通过法令；他们几乎可以担任一切官职，没有财产资格限制，也不会在意家庭出身；陪审法庭成为最高司法与监察机关，拥有 6 000 名陪审法官，由 10 个地域部落中的 30 岁以上公民抽签选出，负责审判罪犯、审查官员。在审理案件之前，他们被随机分配到 10 所法庭。法庭判决通过秘密投票方式进行，审理重要案件。这种程序是非常民主的，使"每一个公民都轮流做士兵（或水手）、立法者、裁判者、行政管理者"②，将民主发挥到了极致。但是这种民主就一定会带来结果的公正无私吗？我展示了一段材料：

"想参加陪审团的公民按先后次序依次进入，直到既定的人数到齐为止……开庭审理前，陪审员对案件一无所知，他们了解整个案情、进行判决的唯一依据是诉讼人的演说陈述。"

国家事务的管理，需要专门的人才，尤其是事关司法、立法和军事等专业事务。现代民主国家将国家权力委托给专业化的管理人员——文官，但在雅典，这会被认为是寡头政治、破坏了民主制，遭到排斥。当时雅典民主泛滥，几乎一切公民都可以担任执政官和陪审员，参加公民大会，决定城邦重大事务。就审判案件而言，他们既不熟悉浩繁的法律条文，又无从全面了解复杂的案情，仅仅依靠诉讼人的演说陈述。虽然每一个公民陪审员都可以直接投票决定案件结果，体现了直接民主，但是可以想见，这样的审判过程很难保证审判结果的公正无私。通过这种方式做出的决策可

---

① 洪涛. 逻各斯与空间——古代希腊政治哲学研究 [M]. 上海：上海人民出版社，1998.
② [英] 基托. 希腊人 [M]. 徐卫翔，等译. 上海人民出版社，1998.

能是错误的，更不用说还有一些别有用心的政治家从中煽动。因此，对于雅典而言，形式上的民主不一定能够保证决策的公平公正。作为智慧化身的苏格拉底，被作为民主象征的公民陪审法庭判处了死刑，这种结果的不公正，恰恰充分反映了雅典民主制的内在痼疾，这就是民主泛滥的恶果。

出生于伯罗奔尼撒战争期间的雅典著名喜剧诗人阿里斯托芬在《骑士》一剧中，通过虚构一位将军与一个卖腊肠的小商贩之间的对话，嘲讽了当时的民主制度：

腊肠贩：你说吧，像我这样一个卖腊肠的，怎能够变成一个大人物呢？

得摩斯忒涅斯：正因为你是卖腊肠的，你才会变得很伟大；因为你是一个坏蛋、一个冒失鬼、一个从市场里训练出来的。

腊肠贩：我认为我不配掌管大权。

得摩斯忒涅斯：唉，有什么理由说你不配？我看你的心眼太好了。你是从名门望族出身的吗？

腊肠贩：真的不是，是从下流人家出身。

得摩斯忒涅斯：你这个命运的宠儿啊！你有一种多么好的政治本钱啊！

腊肠贩：但是，好朋友，除了识字，我并没有受过什么教育，就连识字也糟透了。

得摩斯忒涅斯：识字就碍你的事儿，"糟透了"！因为如今一个有教养的人、一个正人君子不能够成为一个政治家，只有那无知、卑鄙的人才能够呢。你可不要错过神显示给你的机会。

腊肠贩：这神示倒很令我喜欢，但不知我怎样才能够统治人民。

得摩斯忒涅斯：最容易不过。就照你现在的做法做去：把一切政事都混在一起，切得细细的，时常要用一些小巧的、烹调得很好的甜言蜜语去哄骗人民，争取他们。凡是一个政客所必需的条件你都具备：粗野的声音、下流的出身和市场的训练；凡是一个政治家所必需的你都不缺少。神示和德尔菲的预言都在协助你呢。快戴上花冠，向愚蠢之神致奠，好对抗那家伙。

——《骑士》

阿里斯托芬以辛辣的讽刺，还原了当时雅典民主制的状态：民意被操纵，民主被滥用。这加速了雅典民主制的衰亡。

随后，我提出了最后一个问题：程序的民主为什么不一定能实现决策的公正？

为了帮助学生更好地认识理解这个问题，我给学生展示了一段材料：

用豆子拈阄的办法来选举国家的领导人是非常愚蠢的。没有人用豆子拈阄的办法来雇佣一个舵手或建筑师或吹笛子的人……而在这些事上如果做错了的话，其危害要比在管理国务方面发生的错误轻得多。

——苏格拉底

雅典的民主制有很大的局限性，不仅奴隶没有民主权利，外邦人和本城邦妇女儿童也不享有参政权。拥有公民权的成年男子，即使在民主政治黄金时期的公元前5世纪，总数也只有4万人左右。而且公民群体中，大部分都是农民和手工业者，他们忙于养家糊口，无暇参加频繁的政治活动，其见识有限，参政能力也很难满足民主政治的需要。让缺乏行政能力的农民和手工业者掌握实际权力、决定军国大事、判决他人的生死，这是难以想象的。由这样一群人掌握司法权，判处苏格拉底死刑，现在看来似乎也不足为奇。魁奈说过："如果国民有教养，专制制度不可能存在。"[1] 同理，如果雅典公民拥有公民素养和执政能力，就不会导致决策错误。

由于缺乏执政能力的公民掌握了国家权力，因此类似苏格拉底之死的惨痛教训在雅典并不罕见。公元前415年，雅典海军远征西西里，被斯巴达歼灭，从此丧失海上优势。这次冒险远征的决定是由公民大会通过的，但公民是被主战派领袖欺骗和利用了的。他们说，金库和神庙中有大量金钱储备能用，有把握打胜仗。而事实情况与此完全相反。[2] 因此，要真正实现民主，必须造就有能力、有思想、有理智、有策略的公民群体，这是建立公民社会的不二法门。轮流坐庄的泛滥民主不仅不能实现长久民主，反而会导致民主制的衰落，埋下社会动乱的隐患。对于民主泛滥引发社会动荡的问题，托克维尔在《旧制度与大革命》里也有精彩论述，他说："没有充分准备的人民自行动手从事全面改革，不可能不毁掉一切。"[3] 虽然托克

---

[1] ［法］托克维尔. 旧制度与大革命［M］. 北京：商务印书馆，2012.
[2] ［古希腊］修昔底德. 伯罗奔尼撒战争史［M］. 徐松岩，黄贤全，译. 桂林：广西师范大学出版社，2004.
[3] ［法］托克维尔. 旧制度与大革命［M］. 北京：商务印书馆，2012.

维尔分析的是法国大革命前的社会，但是对于全面认识雅典民主制同样具有借鉴意义。

至此，通过对苏格拉底之死的分析，我引导学生思考了苏格拉底被判死刑的原因，并通过该案辩证地看待雅典民主制的实质，深入理解成熟的公民群体才能真正推动民主发展的道理。教师通过阅读专业图书典籍，以丰富的历史故事还原多样的、活生生的历史，以巧妙的问题引领教学，这样的历史教学才有生机活力，才丰满，才有趣味，才有深度。在整个分析过程中，我们也可以看到，典型的材料能够起到入木三分的功效。

原文发表于《中学历史教学参考》2014年第6期，略有增减

第三节 因时而变 随事而制——浅谈孝文帝改革

2020年5月23日，习近平总书记在看望参加全国政协十三届三次会议的经济界委员时指出，当前我国经济面临着结构性、体制性、周期性问题相互交织所带来的困难和挑战，加上新冠肺炎疫情冲击，经济运行面临较大压力。同时，世界经济深度衰退、国际贸易和投资大幅萎缩、国际金融市场动荡、一些国家保护主义和单边主义盛行、地缘政治风险上升等，也为我国经济发展带来不利局面。他强调，要坚持用全面、辩证、长远的眼光分析当前经济形势，努力在危机中育新机、于变局中开新局。

解决现实问题，往往可以借助于历史的智慧。中华文明源远流长，其中，蕴含着丰富的化危为机的实践经验。北魏时期的孝文帝改革，就是通过自身主动变革，创造契机、摆脱危机、开创繁荣的典型历史事件。今天，我们重温孝文帝改革这段历史，也能为当今的社会变革提供宝贵的借鉴。

一、北魏早期历史沿革

建立北魏政权的是鲜卑族拓跋氏，他们原先居住在今黑龙江省嫩江流域大兴安岭北部嘎仙洞附近，是鲜卑族中比较落后的一支。直到拓跋珪建国之前，还过着游牧的生活。他们以部落为单位，共同生活、共同作战。曹魏时期，拓跋部迁居盛乐（今内蒙古和林格尔北），并举行了部落大会。西晋末年，中原陷入混乱，拓跋部乘机扩大势力。

公元338年，拓跋部建立代国，初步设置百官，有了国家的雏形，经济开始发展。然而好景不长，公元376年，前秦苻坚出兵击垮代国，国王逃亡，部众离散，代国灭亡。淝水之战后，前秦瓦解，鲜卑族等来了复国的契机。公元386年，鲜卑族拓跋珪联络旧部，召开部落大会，重建代国，不久改国号为"魏"，史称北魏。公元398年，拓跋珪称帝，定都平城（今山西大同），拓跋珪就是北魏道武帝。

北魏建立后，经过历代统治者的不懈努力，于439年统一了北方黄河流域,势力日益强盛,与南方刘裕建立的刘宋政权形成南北对峙,此时正值南北朝时期。

二、积弊重重的北魏

在这种强盛的表象背后,北魏政权内外问题积弊重重。从内部看,主要有宗主控制基层政权、地方官贪污腐败导致民不聊生、民族矛盾尖锐等问题。从外部看,周边政权林立,威胁着北魏政权的稳定,尤其是北方的柔然,屡次侵犯北魏边境。

1. 宗主控制基层政权

自从西晋末年以来,北方地区长期战乱,社会经济遭到了极大破坏。战乱中最先遭殃的就是普通百姓,要么死于战争屠杀,要么死于流亡道路,要么逃亡南方地区。历史记载:"自永嘉丧乱,百姓流亡,中原萧条,千里无烟。"动乱之中,北方出现了很多世家大族建立的坞壁(堡)。坞壁是建有围墙、拥有武装的堡垒,居住在其中的居民往往是同一宗族的人,有时也会包含一些依附的百姓。坞壁自己种田纺织,能提供基本的生产和生活用品,对外依存度很小,基本处于自给自足的半独立状态。坞壁首领一般由宗族的族长担任。

北魏建立前,坞壁已经长期存在,在地方盘根错节。北魏建立后,为了维持地方基层政权的稳定、取得宗主的支持,对宗主采取联合的方式,授予他们"宗主督护"的职务,承认他们在当地的特权和势力,由他们管理坞壁内的百姓,并负责为北魏政权征收赋税。他们名为"督护",实际上控制了地方人口和基层政权。宗主督护制一方面使北魏政权取得了地方势力的支持,但从长远看,不利于北魏统治。这些宗主依靠遍布各地的坞壁,隐瞒人口、偷税漏税,史载"民多隐冒,五十、三十家方为一户"。中央政府直接控制的人口非常有限,统计户籍和征收赋役遇到很大阻碍,不但影响到政府的财政收入,而且地方势力过于强大,直接控制大量劳动力,导致政府统治存在很大的不稳定性。

2. 地方官吏贪污腐败、盘剥百姓,社会矛盾尖锐

建国之前,北魏是游牧民族,经常处于流动作战中。官员的收入主要

靠战争掠夺。这是拓跋部自古相传的财富分配方式,沿袭已久,有利于激发全族的战斗力。北魏建国后,战争逐渐停息,却没有建立完善的官员俸禄制度。由于通过战争掠夺的机会骤减,又没有稳定的收入,官员们只好通过贪污腐败、盘剥百姓来维持奢靡的生活。孝文帝改革前,北魏官场中腐败现象非常普遍,官员们"纵奸纳贿,背公缘私"。官吏贪污腐败、剥削百姓,汉族和各族人民不断爆发反抗斗争,社会矛盾日益激化,严重威胁到统治稳定。

北魏建立初期,统治者也曾经试图整顿吏治,严惩贪官污吏,但由于官员们依然没有固定俸禄,最后只好实行大赦,不了了之。献文帝统治时期曾经下令,如果官员接受一头羊和一斛酒的贿赂,就要被判处死刑。大臣张白泽劝他说:"官员没有固定收入,如果接受一头羊和一斛酒就要被处死,谁还会帮你治理天下呢?"献文帝听闻,只能作罢。如何整顿吏治、缓和社会矛盾,已经成为摆在北魏统治者面前的一项急迫任务。

3. 民族矛盾尖锐

魏晋时期,北方少数民族入主中原,建立了或长或短的政权,各民族之间关系错综复杂,民族矛盾尖锐。作为外来民族,鲜卑族和汉族及其他少数民族矛盾重重。鲜卑族在建立北魏政权的过程中,保留了很多原始野蛮的民族习惯和风俗,民风朴实粗野,整体相对落后,极易与相对先进发达的汉族产生矛盾和冲突。入主中原后,北魏依然对汉族和其他各族人民采取民族歧视政策,推行了很多民族压迫措施,比如作战时驱赶他族人民在前面冲锋,充当炮灰。魏太武帝进攻刘宋时,亲自给守卫盱眙的宋将写信说:"吾今所遣斗兵,尽非我国人,城东北是丁零与胡,南是氐、羌。设使丁零死,正可减常山、赵郡贼;胡死,减并州贼;氐、羌死,减关中贼。卿若杀之,无所不利。"这种民族歧视政策,必然引发各族人民的激烈反抗。据史料记载,在孝文帝即位后的十多年里,各地爆发的民族起义达到了十八次。北魏采取的民族政策,已经严重威胁到了其统治的稳定。

从外部看,北魏周边林立着大大小小的政权,强邻环伺,尤其是北部的柔然和南方的刘宋政权。柔然是 4 世纪中期崛起于漠北的游牧民族,首领称"可汗"。柔然勇猛彪悍、军力强大,经常袭扰北魏北部边境。太武帝即位后，为了彻底解决北部边疆问题，多次发动对柔然的进攻，其中，429年的战果最大，降伏了柔然统治下的高车等部 30 余万人，缴获各类牲畜几百万匹，极大削弱了柔然的势力。此后柔然虽不能大举南侵，但依然威胁着北魏的都城平城。在北魏进攻柔然时，南方的刘宋也时常北进。450 年，宋军北伐，攻占了河南部分地区，太武帝派兵反击，击溃宋军。此后，双方又多次发生战争，北魏逐渐处于有利地位。

在内忧外患之下，孝文帝即位，年仅 5 岁。

三、孝文帝"化危为机"

如何巩固北魏统治？如何化危为机？这成为摆在以孝文帝为代表的北魏统治者面前的急迫任务，关系到政权的稳定。孝文帝在位时，北魏在政治、经济、文化等方面推行了一系列改革措施，统称为孝文帝改革。事实上，孝文帝年幼继位，前期的改革主要是在太皇太后冯氏主持下进行的；490 年，冯太后去世后，孝文帝亲自主导了后期的改革。孝文帝改革措施主要包括以下几个方面：

1. 推行"班禄酬廉"，整顿吏治

针对官员贪污腐败的现象，北魏统治者实行"班禄酬廉"，由国家财政统一给官吏发放俸禄。俸禄有米、田、布帛及力役等多种形式，保障官员获得固定收入。实行俸禄制后，进而严禁贪污受贿，官员贪污绢一匹以上就要被处以死刑，一旦涉嫌枉法，不论贪污多少，都要被处死。

新法颁布当年，北魏政府就处死了 40 多位贪赃枉法的官员，其中，包括冯太后的兄弟。北魏在发放官员俸禄的同时，大力整顿吏治，严惩贪污腐败，使官场腐败现象有了很大改善，吏治为之焕然一新，缓和了社会矛盾。

2. 推行三长制和均田制，与宗主争夺人口

在宗主督护制下，宗主直接控制人口，削弱了北魏对基层政权的控制力。孝文帝开始用三长制取代宗主督护制。根据三长制的规定，五家为一邻，设邻长；五邻为一里，设里长；五里为一党，设党长。邻长、里长、党长，就是三长，直接听命于中央政府任命的郡县长官。他们负责核查户口，征收赋税，征发徭役。通过三长制，把原来由宗主控制的人口，变为国家控制下的编户齐民，加强了政府对基层政权的控制。

控制了人口，还要给百姓安身立命的土地。魏晋以来，黄河流域长期动乱，出现了很多失去土地的农民和大量的无主荒地。为了恢复农业发展，太和九年（485 年），北魏实行均田制，规定 15 岁以上的男子，由政府授予露田四十亩、桑田二十亩，女子可以获得露田二十亩。为了推动土地休耕以保护地力，政府还规定：露田会加倍授予，即男子八十亩、女子四十亩，这样一个家庭可以得到一百二十亩土地。授田百姓死后，露田要归还给国家，以备继续授田。桑田不用回收，可以继承或买卖。得到土地的一夫一妇，要向国家承担赋役，即缴纳两石粟，称为租；一匹帛，称为调，这就是与均田制配套的赋役制度——租调制。

均田制将黄河流域的无地农民和无主荒地结合起来，重建了黄河流域的小农经济，推动了北魏经济恢复发展，增加了政府的财政收入。同时，很多被宗主隐瞒的人口，纷纷要求政府授予土地，成为国家的编户齐民。三长制和均田制相互配合，使政府在跟宗主争夺劳动力方面，取得了完胜。

3. 迁都洛阳，移风易俗

北魏长期定都平城，在逐渐击败其他政权、控制黄河流域后，这种政治格局的弊端就日益凸显出来。首先，平城作为北魏都城，守旧势力异常强大，阻挠、抵制北魏政府的政治改革和汉化进程，且难以有效控制黄河中下游地区；其次，平城偏处北部，自然条件比较恶劣，农业生产条件不足，难以满足粮食物资的供应；最后，北方的柔然依然存在，而且时常南下，兵锋所指，威胁平城的稳定。

孝文帝决心将都城从平城迁到洛阳。他担心鲜卑贵族们反对迁都，就在 493 年借口南征，率三十万大军到达洛阳。此时，洛阳阴雨连绵，道路泥泞不堪，队伍行进缓慢，随行的文武百官都十分疲惫，不愿继续南征。孝文帝下令，要么继续南征，要么迁都洛阳。无奈之下，百官只能同意迁都洛阳。494 年，孝文帝亲自回到平城，晓之以理地向贵族们解释迁都的理由，对于敢于明确反对迁都的贵族，他坚决镇压，这样才将迁都洛阳的事情确定下来。

定都洛阳后，摆脱了守旧势力的掣肘，孝文帝开始大刀阔斧地推行汉化政策。首先是改说汉语。孝文帝具有良好的汉文化修养，认为要想更好地学习汉族文化，改革鲜卑旧俗，就要改说汉语。他下令三十岁以下的鲜卑人一律说汉语，如果改不了，就要被降爵黜官；三十岁以上的人，短时间内不容易更改，可以在说汉语时夹杂鲜卑语。其次是改穿汉服。鲜卑族服饰文化不同于汉人，是编发左衽。孝文帝命人仿照汉服设计新的服制，并下令鲜卑人不论男女，一律改穿汉服。一旦发现有人穿鲜卑服，官员就要负责纠正。再次是改汉姓。孝文帝将皇族拓跋氏改姓元氏，其他鲜卑大族也都改成汉姓。最后是通汉婚，鼓励鲜卑族与汉族通婚。他自己率先示范，娶了汉族范阳卢氏、清河崔氏、荥阳郑氏、太原王氏之女为妃，还为自己的弟弟分别迎娶了汉族大姓之女，并立为正妃。通过与汉族联姻，鲜卑族和汉族在血缘关系上也逐渐融为一体，进而取得了汉族士族对北魏政权的支持。这一系列的汉化政策，缓解了民族对立，加强了民族交融，巩固了北魏政权的统治基础。

"明者因时而变，知者随事而制。"化危为机是时代对北魏孝文帝统治能力的一次考验。他顺应历史发展趋势，整顿吏治，加强中央集权；实行三长制，重建黄河流域的小农经济，使北方经济从破坏走向恢复；推行汉化政策，缓和了民族矛盾，推动了民族交融。孝文帝具有很强的应变能力，能在危机中寻找契机，主动变革，自我革命，体现了他作为政治家的宏阔视野。

艰难困苦，玉汝于成。历史的不断进步，就是在排除万难中取得的。化危为机不可能自动实现，靠的是主动应变、奋力攻坚，靠的是善于找到化危为机的对策、路径和办法。孝文帝通过主动克服危机，提高了统治能力，提升了官员素质和治国理政的能力，让危机变成了契机，在动荡中闯出了一片新天地。

原文发表于《博览群书》2021年第2期，略有增减

第四节　英国政治制度教学中需要注意的几个问题

英国是最早爆发资产阶级革命的国家,也是典型的民主制国家,在世界政治制度发展史上具有举足轻重的地位。英国开创的君主立宪制,将君主制和民主制融合在一起,在保留历史传统的同时,引入了新的民主制度因素。

旧版人教版高中历史必修一第 7 课《英国君主立宪制的建立》,由于篇幅所限,对于有些历史问题的论述并不充分,加之课本内容忽视了政治制度的演变,没有讲清楚不同时期政治制度的特点,导致学生在学习该课时容易混淆历史与现实,可能会产生不知所云的感受。笔者试将课本中涉及的含混不清的问题进行简单梳理,以求有裨益于教学。

一、通过惯例看英国人的保守性

英国是非常重视惯例的国家,大到政治制度,小到日常生活,英国人对约定俗成的惯例都非常看重。在当今英国,从十二三世纪流传下来的制度依然被认真遵守,并内化为人们的规范。如果不理解惯例对英国人的深刻影响,就很难全面认识英国的政治制度。

在人类文明发展过程中,不同文明形态的初期都曾出现过习惯法。由于法律体系很难囊括社会的方方面面,因此,现今在很多国家的法律文件中习惯法依然存在。英国历史学家罗威尔说,在任何政府之下,习惯法和惯例都是存在的,也是必须存在的。只是英国的习惯法被大量保存并严格遵守,直到今天。早在 1215 年,贵族们联合起来,强迫国王签署《大宪章》,这被认为是最早的具有宪法性质的法律文件。800 年过去了,《大宪章》中限制王权的理念依然被英国人遵从。

英国资产阶级革命是 17 世纪世界历史进程中具有重要意义的事件,宣告了资产阶级反封建专制的胜利。从革命的总体进程来看,英国资产阶级革命并不像法国大革命那样充满血雨腥风,恰恰相反,在处死国王查理一世后,英国革命是以新旧势力的相互妥协结束的。

"光荣革命"后,英国确立君主立宪制度,但并没有现代意义上的成文宪法,只有功能类似宪法的法律文件。这些文件是由议会制定修改的,具备宪法的法律效力,其中,以1689年颁布的《权利法案》最为典型。但是,在《权利法案》等法律文件中,并没有关于国家基本政治制度的规定,也缺乏关于国家机关职权的相关规定,这些问题大部分是根据历史形成的惯例和习惯来确定。这些惯例同样具有法律效力。① 对此,托克维尔说:"在英国,议会有权修改宪法,因此,在英国,宪法是可以不断地被修改的,或者宁可说它根本没有宪法。议会既是立法机关又是制宪机关。"② 但这并不会减损《权利法案》的宪法意义。可以说,《权利法案》就是英国的宪法。

为了防止信奉天主教的国王反攻倒算,维护革命成果,1701年,英国议会颁布《王位继承法》,规定国王威廉三世死后的王位继承顺序,并明确规定,凡是与罗马教皇保持关系或信奉天主教的人,均不得成为英国国王。由此确立了英国国王由新教徒担任的惯例,并得到很好的遵守。

在处理内阁和议会的关系问题上,英国也出现了很多先有案例、后以法律确认的事件。1742年,辉格党内部发生分裂,议会中部分党员不支持首相沃尔波尔和他领导的内阁,导致沃尔波尔内阁集体辞职,由此开创了一个重要的政治先例:当议会不信任内阁时,内阁就要集体辞职。但是事情往往不会按既定的惯例发展,新的情况总会不断涌现。到了1782年,首相诺斯勋爵因为未能带领英国在北美独立战争中战胜美国,议会通过对他的不信任动议,诺斯勋爵被迫下野。1783年年末,小皮特上台组阁。组阁伊始,下院反对派议员嘲笑他,拒绝同他合作。小皮特取得国王支持,史无前例地解散了议会,重新进行大选,结果他获胜了。下院中一百多名反对派议员被赶出议会,小皮特的支持者重新掌控议会。沃尔波尔下台,提供了内阁集体辞职的先例,而小皮特也开创了一个新的先例:内阁失去议会支持时,也可以拒绝集体辞职,转而请求国王解散议会,直接求得选民的认可,重新组织议会。这些先例部分地改变了内阁和议会的关系,对英

---

① 马啸原. 西方政治制度史 [M]. 北京:高等教育出版社,2000.
② [法]托克维尔. 论美国的民主:上卷 [M]. 北京:商务印书馆,1991.

国政治产生了深远影响。

在英国政治生活中，根据习惯而形成的惯例具有举足轻重的作用，广泛存在于行政、立法、司法等领域。这些不成文的惯例和习惯的作用甚至不亚于成文法，有的后来以法律形式得到确认，有的则没有，但并不影响其约束力。因此，英国历史学家罗威尔说："英国之所以特别，不是因为它有这样的惯例，而是因为它们在英国比在其他地方更多和更普遍。"[1] 理解了惯例在英国政治中的巨大作用，就可以理解教材为何一直没有提及英国宪法，因为很多约定俗成的法律和惯例在英国政治生活中扮演着宪法的角色。

二、关注政治制度的变迁

在学习旧版人教版"英国君主立宪制的建立"一课时，第二部分主要讲解君主立宪制度的确立，突出强调了"议会权力至上"是英国资产阶级革命后的重要政治原则，而代议制是实现议会权力的重要途径。但在第三部分，我们又看到责任内阁在英国政治生活中扮演着重要角色，是行政中枢，而且内阁首相"通过议会掌握立法权。这样，首相实际掌握了国家大权"。[2] 这里不禁令人产生疑问：现在英国的政治体制到底是议会权力至上，还是内阁权力至上？若这个问题纠结不清，就难以对英国政治体制有清醒的认识。

实际上，在18世纪中期以前，英国最高行政机构为枢密院。枢密院是由国王主持的处理国家行政、司法事务的最高机构。枢密院下设众多委员会，分别处理内政外交事务。其中，最重要的机构是财政委员会，由财政大臣主持工作，管理关税、消费税、印花税、盐税等项税收。随着社会经济的发展，国家事务越来越复杂，枢密院的人员也越来越庞杂。由于人数激增，商议事务多有不便，从查理二世开始，只召集少数亲信在密室开会，决定重大事务，这就是内阁的起源。

---

[1] ［英］罗威尔. 英国政府［M］. 上海：上海人民出版社，1959.
[2] 人民教育出版社课程教材研究所历史课程教材研究开发中心. 普通高中课程标准实验教科书 历史1 必修［Z］. 北京：人民教育出版社，2007.

1714年，安妮女王死后，汉诺威选帝侯继承王位，称为乔治一世。乔治一世即位伊始，便正式组建了一个新内阁，内阁会议由他亲自主持。但据说乔治一世与威尔士亲王不睦，加之他出生在德国，对于英国政务并不熟悉，所以不再出席内阁会议。内阁群龙无首，大家推荐首席大臣主持会议。由于财政大臣在内阁中地位最高，就由当时的财政大臣、辉格党领袖罗伯特·沃尔波尔担任内阁主席。沃尔波尔被视为英国第一任内阁首相，但"首相"一词的意思在当时类似于独裁者，因此他并未接受"首相"这一称号。

沃尔波尔上台后大力发展经济，改革财政，降低关税，发展工业，推动英国经济繁荣。他下台后，斯潘塞·康普顿（Spencer Compton）接任财政大臣，开始接受了"首相"称号。但内阁和首相的地位一直没有得到法律的认可。直到1937年，议会颁布《国王大臣法》，才正式确认了内阁和首相的法律地位。

英国的内阁首相，形式上由国王任命，实际上是由议会下院选举中获胜的多数党领袖充任。首相提名的内阁成员不必经过议会认可，只需国王形式上认可就可以。首相监督和指导内阁的工作，协调各部门之间的关系，甚至可以撤换内阁成员。

权力越大，责任也就越大，事务也就越烦琐。起初，事无巨细，都要经过议会讨论表决，但事务越来越烦琐，立法速度远远落后于经济发展。1893年，议会通过法案，授权内阁和政府各部门制定颁布部分法令，或为议会颁布的法律制定具体细则。这样一来，部分立法权开始向内阁和政府转移，而内阁和政府也经常利用议会的这一授权，修改或补充议会通过的法律。

同时，议会下院付诸辩论表决的法案大多由政府拟定大纲，由内阁提交议会审议，议会下院对法案拥有表决的权力。20世纪以来，随着行政权力的膨胀，议会的表决权逐渐被压缩，尤其是内阁频频通过国王解散议会。因此，对于内阁的提案，议会只能回答"是"或"否"。如果选择"是"，提案通过，皆大欢喜；如果选择"否"，那就意味着议会不信任内阁。此时，要么内阁全体辞职，重新组建新内阁，要么首相请求国王解散议会，重新选举。如果国王解散议会重新选举，那全体议员要再次经受选民的考验，是否能再次顺利当选，一切都是未知数。所以，当今英国对于内阁的提案议会一般会回答"是"，或者在内阁容许的范围内进行适当修改，这也造成了内阁权力的膨胀。

还有一方面也造成了内阁权力的扩张，即英国的强党政治。英国属于典型的强党政治，政党有非常严格的组织纪律，政党议员必须服从领袖的领导。执政党员在议会中要步调一致，支持内阁提出的议案，不能随意跨党投票，更不能投反对票。因为议员选举要依靠政党支持，如果违反本党组织纪律，那下一届议会的选举将无法得到政党支持。

对内阁和议会的关系，我们可以做一个简单梳理。在19世纪之前，英国奉行议会至上的原则，议会是政治权力中心；19世纪之后，尤其是20世纪以来，随着政治民主化和政府权力膨胀，内阁地位越来越突出，加之英国实行强党政治，英国政坛"已经不是议会至上，而是内阁至上，是内阁控制议会，而不是议会控制内阁"。[①] 因此议会和内阁的关系会随着时代变化而不同，只有把握了时代性，才能更好地梳理历史发展的延续性和政治制度的嬗变，向学生展示清晰的知识脉络。

三、国王权力被逐渐削弱

历史教科书对于国王权力的梳理并不特别清楚，这给学生学习造成了困难。实际上，英国国王的权力在不同时期都发生着变化，需要结合时代性才能加强对英国王权的认识。

在资产阶级革命之前，英国国王拥有广泛的权力。都铎王朝统治时期，大力恢复王室权威，在内政和外交方面强化王权。亨利七世以武力镇压反对派，通过灵活的外交策略巩固在西欧的地位，通过政治联姻得到强国西班牙的认可。他牢牢控制官吏任免权，同时，强化对议会的管理，努力使议会服从于国王。为了稳定社会秩序，亨利七世还任用治安法官，管理地方司法和治安，取缔地方贵族私人武装，并把贵族拉入枢密院，进而架空贵族势力。

---

① 马啸原. 西方政治制度史 [M]. 北京：高等教育出版社，2000.

亨利八世在位期间，是英国王权和教权重新洗牌的关键时期。长期以来，欧洲奉行"教权高于王权"的政策，世俗王权必须得到教会的认可。因为个人婚姻问题，亨利八世与罗马教廷彻底决裂。1532年，英国颁布《首岁教捐法》，1533年颁布《禁止上诉法》，1534年先后颁布《至尊法》《继承法》和《叛国法》，1536年颁布《反对教皇权力法》。通过这些法案，亨利八世基本控制了英国国教，扫除了罗马教皇在英国的宗教影响力，确立国王为英国国教的最高首脑。

经过都铎王朝一系列的改革，英国王权空前强化。政治上，国王强调"君权神授"，宣称国王居于法律之上，"除上帝之外，国王不对任何人负责"；经济上，国王占据大量领地，获得大量地产性收入，通过没收修道院的财产，增加了政府的财政收入。同时，国王还是英国国教的最高首脑，被称为"国教信仰的保护者"。

"光荣革命"后，资产阶级强迫国王接受《权利法案》作为新国王登基的条件。《权利法案》共13条，以法律形式确认了议会已经拥有的权力，将议会本来就拥有的权力法律化，并剥夺了国王的部分权力。但《权利法案》并未完全剥夺国王的权力，只是限制国王权力。在19世纪之前，英国国王仍然享有很大权力：国王有独立的行政用人权，可以任免大臣，亲自执掌国家事务，是名副其实的行政首脑；大臣只对国王负责，不对议会负责；国王有权任命上院议长，可以批准议会的议案；国王是英国的最高代表，有权签订条约、宣战媾和，还可以撤换外交使节；国王是英国的最高宗教领袖，可以任免主教；此外，国王还可以敕封贵族，赦免罪犯。[①]

随着资产阶级力量壮大，民主制度不断完善，英国国王的权力逐渐被削弱。1694年，议会通过《三年法》，规定每届议会为期三年，每三年改选一次，这样就使议会召开有法可依，而不是取决于国王的命令；1696年制定《叛国罪审判法》，规定国王不得以"叛国罪"为借口清除反对派；1701年的《王位继承法》指定了王位继承顺序，并完全排除了天主教徒成为国王的可能性，同时规定未经议会奏请，国王不得擅自罢免法官，这进一步限制了国王干涉司法。到18世纪中叶，国王的行政权力基本被剥夺殆

---

① 马啸原. 西方政治制度史 [M]. 北京：高等教育出版社，2000.

尽。为了驾驭行政权，议会把内阁牢牢置于自己的控制之下，规定任何人要想出任政府大臣，必须通过竞选进入下院，成为议员。如此一来，要想成为政府成员，必须首先是议会议员。这样，国王就变成形式上的国家元首，成为国家的象征。

既然国王今日已经变成一个毫无实权的虚君，那为什么不干脆废掉国王？这种倡议早已有之，但在英国并没有多少人附和。对很多英国人来说，国王具有非常重要的象征性意义，仍是"一切权力的源泉""一切公道与荣誉的源泉"。国王的存在"体现了英国古老的政治制度的延续性，体现了整个大不列颠民族的历史存在，国王是国家统一和民族团结的象征"。[①] 每当英国因为党派竞争而陷于政治危机时，国王总是适时出手，化解危机，恢复国家正常的政治秩序。国王成为英国的精神领袖，国王的存在也成为稳定英国政局的重要因素，是近代以来英国没有发生重大政治动荡的重要原因。每到国王加冕、结婚、诞辰，乃至诞下子嗣时，都会引发举国轰动。很难想象，在英国这样一个非常重视传统和惯例的国家，废除国王会引发多么强烈的政治动荡。

四、内阁与政府的关系

关于内阁和政府的关系，历史教科书的阐述并不充分，这个问题令很多同学感到苦恼。实际上在英国，内阁与政府并不完全等同，二者存在很多区别。

内阁成员由首相提名，国王在形式上认可，不必经议会允许。英国内阁成员包括首相，内政大臣，外交大臣，内政大臣，司法大臣，卫生与社会保健大臣，商业、能源与工业战略大臣，贸易委员会主席，教育大臣，工作与养老金大臣等重要官员。[②] 这些高级官员就是英国的政务官，是英国政治的核心和中枢，决定着英国重大的内政外交事务。

相较于内阁，英国政府的组成比较宽泛，包括内阁成员担任的各部大臣、副大臣、各部政务次官和全体高级官员。内阁是政府的核心领导机构，

---

① 马啸原. 西方政治制度史 [M]. 北京：高等教育出版社，2000.
② 马啸原. 西方政治制度史 [M]. 北京：高等教育出版社，2000.

内阁属于政府,但不等于政府。内阁成员与首相共进退,有党派属性,其他政府官员则是国家文官,超越党派,不受内阁和议会更迭的影响。

英国文官是国家官员,是游离于政治之外的,是超党派的。他们不得参与党派活动,不与内阁共进退。英国法律规定,只要文官不触犯法律,就不能被随意免职。如果将内阁比喻成"流水的兵",那文官俨然就是"铁打的营盘"。同时,由于他们长期在政府各部门任职,熟悉政务操作流程,甚至掌握各部门的机密事务,因此,他们在英国政局中具有举足轻重的地位,有时内阁成员都不得不倚重他们。英国几乎所有的政府议案、法令和重要文件,都是他们起草拟定的。正是由于文官队伍相对稳定,因此虽然英国内阁不断更换,但政务始终保持延续和稳定,这对于政治的稳定起到了重要作用。

经过以上分析,我们可以看到,任何制度都在不断发展和嬗变。对于历史教学而言,课本知识固然重要,但也应该关注到历史发展的脉络和时代特点,关注到历史的连贯性,这才是丰满的历史、多维的历史。教师在教学过程中,除了让学生记住知识点,更应该让他们了解历史的嬗变和更替,否则,历史教学就会陷入只见树木、不见森林的窘境。

原文发表于《新课程教学》2017年,略作修改

第五节　中世纪欧洲封建主为何不使用火药武器

长期以来，中学历史教学更加关注教师向学生传授知识，但教学应该是教和学双向互动的过程。同时，随着信息技术的发展，学生获取历史信息越来越容易，历史知识也在不断丰富。因此，教师在授课时，应该更加关注学生的思考和提问。对教师而言，这也是一个提升专业水平的良机。《礼记·学记》中指出："学然后知不足，教然后知困。知不足，然后能自反也；知困，然后能自强也。故曰：教学相长也。"

人民教育出版社编写的高中历史必修三第 8 课《古代中国的发明和发现》，介绍了中国古代四大发明产生和传播的过程。在介绍火药时，着重强调了火药武器对西方产生的巨大影响："火药传入欧洲，推动了欧洲火药武器的发展，使封建城堡不堪一击，靠冷兵器耀武扬威的骑士阶层日益衰落。"[①] 每次讲到这个知识，学生经常会提问：既然资产阶级可以使用火药武器攻击封建主，那封建主为什么不使用火器攻击资产阶级呢？由于没有查阅相关资料，我只能含糊应付一下，但我一直没有放弃思考这个问题。最近阅读了厉以宁先生的《资本主义的起源——比较经济史研究》和马克垚教授的《封建经济政治概论》，对这个问题有了一些认识。在此分享出来，供大家参考讨论。

一、西欧的封建制度

马克思将西方社会划分为五个阶段：原始社会、奴隶社会、封建社会、资本主义社会和社会主义社会。476 年前后，西罗马帝国被日耳曼人消灭，从此西方进入中世纪，也就是封建社会时期，一直持续到 1453 年东罗马帝国灭亡前后。

西欧封建社会是一个封闭的、等级森严的社会。在封建社会早期，国

---

① 人民教育出版社课程教材研究所历史课程教材研究开发中心．普通高中课程标准实验教科书　历史 3　必修 [Z]．北京：人民教育出版社，2007：37．

王把土地和农奴分封给大封建主，大封建主将土地和农奴分封给小封建主。通过层层分封，各级封建主掌握了土地和人口，建立了封建制度，也称"采邑制"。通过封建制度，西欧社会形成了金字塔形的等级结构。大小封建主构成了社会的统治阶级，农奴处于金字塔的底端。无论是封建主，还是农奴，身份是不能改变的，而且世代沿袭。整个社会是封闭固定的，"水平流动（居住地或职业变更）受到很大的限制，垂直流动（等级的升降或身份的变更）几乎不可能实现……这是一种僵硬的制度，或称为刚性体制①"。

西欧封建社会基层，一般实行庄园制。庄园主要由封建主和农奴构成。封建主是庄园的统治者和管理者，农奴是庄园的劳动者，他们向封建主承担劳役地租，即提供无偿劳役。庄园基本能够满足生活需要，"成为自给自足的社区。庄园主们拥有磨坊、面包房、酿酒作坊，庄园里所需要的绝大多数的铁制工具、皮革制品、日常用品和织物都由农奴制造生产"②。封建主将农奴牢牢地束缚在土地上，"农奴不能自由迁徙，固定在份地上，封建主担心农奴份地的转让会削弱封建主的力量"③。

西欧的庄园不仅是一个经济实体，还是政治和法律实体。封建主在庄园内设立庄园法庭，依据日耳曼法，行使政治和司法权力，处理农奴的案件。虽然封建主有权处死农奴，但一般采取处以罚金的方式判决。因为农奴是劳动力，处死农奴得不偿失，而且罚金可以为自己增加一笔收入。所有的农奴都依附于封建主，没有人身自由，封建主可以在庄园内作威作福。

二、城市的兴起与壮大

中世纪的欧洲虽然是以封建制为主，但商业依然存在。封建主为了获取税收，满足奢侈生活的需要，允许人们在自己的领地内设立集市。随着集市贸易的发展，人口越聚越多，集市所在地就形成了城市。11世纪时，

---

① 厉以宁. 资本主义的起源——比较经济史研究［M］. 北京：商务印书馆，2003.
② ［美］杰里·本特利，等. 新全球史：上［M］. 魏凤莲，等译，北京：北京大学出版社，2007.
③ 厉以宁. 资本主义的起源——比较经济史研究［M］. 北京：商务印书馆，2003.

西欧城市开始出现。到 12—13 世纪，西欧城市已经普遍设立①。正是因为集市的主体是商人和手工业者，所以西欧城市"一开始就具有经济中心或商业中心的特点，以后，随着城市的不断成长，城市作为经济中心或商业中心的作用就日益显著"②。

城市中最早的居民并不固定，一般是获得封建主许可外出经商或从事手工业的农奴，还有一些拥有人身自由的职业商人，"西欧封建社会中城市的兴起同商人、手工业者的经营活动有密切的关系。商人成为集市上最活跃的分子，商人同手工业者又往往是不可分的"③。城市中自由的环境，吸引大量农奴从农村逃往城市。按照惯例，如果农奴在城市中居住时间超过一年零一天，他就可以获得自由，成为市民，正如马克思指出的："从中世纪的农奴中产生了初期城市的城关市民，从这个市民等级中发展出最初的资产阶级分子。"④

越来越多的农奴逃入城市，希望摆脱封建主的控制，引发了社会横向流动，削弱了封建主对农奴的控制；同时，集市贸易中奉行自由平等的原则，冲击了封建等级制度，成为西欧封建社会体制外的权力中心。"封建主不愿放弃对城市的管辖权，不愿丧失自己手中的各种特权。"⑤ 因此对城市进行重重限制。封建主的一个重要手段就是征税，在商路上设置关卡，征收通行税。同时，他们严格控制有利可图的商品，比如食盐和酒类，压缩了商人获利的空间，城市和封建主的矛盾越来越激烈。城市和市民为争取自由、生存和发展而同封建主展开斗争。

三、火药武器使城市获得胜利

城市想摆脱封建主，实现自由和自治，一般来说有两种方式：一是用钱向封建主、国王或主教赎买；二是武装斗争。只有很少的城市跟势力弱

---

①⑥　马克垚. 世界文明史：上 [M]. 北京：北京大学出版社，2004.
②　厉以宁. 资本主义的起源——比较经济史研究 [M]. 北京：商务印书馆，2003.
③　厉以宁. 资本主义的起源——比较经济史研究 [M]. 北京：商务印书馆，2003.
④　[德] 马克思，恩格斯. 共产党宣言 [M]. 北京：人民出版社，1970.
⑤　厉以宁. 资本主义的起源——比较经济史研究 [M]. 北京：商务印书馆，2003.

小的封建主谈判,通过缴纳赎金的方式"赎买"自由。大封建主拥有军队,不想轻易放弃对城市的控制和勒索,双方必然要进行一番斗争。为了获取自由,城市组建军队,购置武器,与封建主进行战争。

城市早期的军队主要是民兵,由城市中的成年男子组成。民兵平时为民,从事生产,一旦发生战争,就组织起来参战。早期,他们使用的武器主要是刀剑、长矛和弓箭,大都是自备的。此时,封建主也拥有自己的军队,主力是骑兵。骑兵装备较好,战斗能力强,适合在开阔地带进行冲锋,但不适合攻打设防的城市。封建主也有步兵,主要由农奴组成,任务是配合骑兵参战,或参加后勤工作。

为了对付封建主的骑兵,城市采取了避敌锋芒的策略。他们修建高大的城墙和护城河,抵御骑兵冲锋。面对城墙和护城河,骑兵往往束手无策。不久,城市的战斗力得到了进一步提升,原因是城市开始装备火器。

火药和火器最早是中国人发明的,早在唐朝时,火器就开始应用于军事。宋朝时,面对辽、西夏、金等少数民族政权的环伺,火药武器得到进一步发展,出现了爆炸型火器和管型射击火器。13、14 世纪时,火器通过蒙古人向外传播到西亚。火器的巨大杀伤力,引起了阿拉伯人的兴趣,他们开始仿制和使用火器。13 世纪后期,欧洲人将阿拉伯书籍中有关火药的记载译成拉丁文,火药知识从此传入欧洲。[①] 14 世纪时,西欧开始使用火炮。最初火炮发射的是实心石弹和铁弹,用炮弹砸毁敌人的城墙。后来改进为落地爆炸的炮弹,杀伤力很大。后来,步兵也装备了步枪和手枪。那既然火药武器比弓箭和长矛射程远、杀伤力大,为什么只有城市拿来对付封建主,而不是封建主拿来对付城市呢?我们可以从以下几个方面分析:

1. 火器需要依托工业发展和武器弹药供应系统

步枪和火炮,不仅是一种作战武器,更需要配备一整套制造、供应与保障体系。制造标准口径的步枪和火炮,需要工艺精湛的工程师、化学家和工人来完成,这些人都是居住在城市中的市民。炮弹和子弹都是消耗品,需要及时补充,这就需要建立军工厂进行制造。枪炮弹药需要消耗大量金

---

① 马克垚. 世界文明史:下 [M]. 北京:北京大学出版社,2004.

属，这就需要建立比较发达的金属冶炼业。火器的持续使用，必须奠基于完善的枪炮制造业、弹药制造业以及金属冶炼业，需要立足于工业和科技进步。很显然，农村地区和封建主无法提供，只有城市才能建立。恩格斯指出，作战方式"取决于人和武器这两种材料，也就是取决于居民的质与量和取决于技术"。①

2. 城市可以承担高昂的火药武器费用

建立用枪支和火炮装备的部队，需要大量的资金；维持火药武器生产体系，更需要大量的金钱投入。城市工商业发达，资本雄厚，可以承担这些费用，但封建主财政来源有限，就无能为力了。而且，在采用火器之后，原有的城墙无法抵挡火器的轰击，必须对城墙加高加厚，这也需要耗费大量的资金，封建主也无法承担。恩格斯在《反杜林论》中说得非常清楚："要获得火药和火器，就要有工业和金钱，而这两者都为市民所占有。因此，火器一开始就是城市和以城市为依靠的新兴君主政体反对封建贵族的武器。以前一直攻不破的贵族城堡的石墙抵不住市民的大炮；市民的枪弹射穿了骑士的盔甲。贵族的统治跟身披铠甲的贵族骑兵队同归于尽了。"②封建主不是意识不到火器的优势，无奈受限于缺乏工业实力和工程师，还缺乏资金，只能被装备火器的城市击败。

3. 城市建立了完善的常备军，战斗力增强

封建主的军队由骑兵和步兵构成，骑兵由底层的贵族组成，步兵由农奴组成。无论是底层贵族，还是农奴，当兵参战都带有强迫性，战斗力低，军纪较差。城市军队大体上经历了三个阶段：民兵—雇佣军—常备军。民兵由市民组成，战斗力弱，只能起辅助作用。雇佣军虽然有一定战斗力，但军纪很差。鉴于民兵和雇佣军劣势明显，城市投入巨资建立常备军。常备军主要是招募来的职业兵，人数不多，但装备精良，配备了长枪、火炮和长矛。常备军军纪严明，被牢牢控制在城市手中。当然，建立常备军同样需要坚实的经济基础。城市经济发达，可以负担，封建主就无力负担了。

---

① 马克思恩格斯军事文集：第1卷 [M]. 北京：人民出版社，1981.
② [德] 恩格斯. 反杜林论 [M]. 北京：人民出版社，1970.

如果农奴都当了常备军,谁来替他们种地呢?封建主也没有充足的财力建立常备军。

4. 从兵种看,有的沿海城市不仅建立了常备军,还组建了海军

封建主在庄园内过着自给自足的生活,不需要发展海外贸易,不用建立海军。沿海的城市则不同,他们依赖海外贸易发财致富,重视发展海军。很多沿海城市设立造船厂,建造战舰,装备火炮。这些军舰可以为商船护航,捍卫城市的海上权益。地中海沿岸很多城市的海军力量非常强悍,如威尼斯就建立了造船厂,建造军舰和火炮,成为当时世界上最大的兵工厂[①]。海军的建立,有效地捍卫了城市的利益。维持强大的海军,也需要具备丰厚的财力。

四、余论

经过以上分析,我们可以看到,在封建主和城市的斗争中,封建主并非意识不到火器的优势,导致封建主不能广泛使用火器与城市对抗的主要原因,是工业水平落后、缺乏专业科技人才,以及缺乏资金。新兴资产阶级在城市中聚拢了大量工程师和熟练工匠,有足够的财力制造和改进火器,并利用火器打败了封建主。火器的使用,标志着冷兵器时代的结束和热兵器时代的开始。

从教学方面来说,课堂上学生的发问,代表了学生在思考。他们有疑惑,需要教师答疑解惑。教师不应该熄灭学生思考的火花,而是应该因势利导,启迪学生更加深入地思考。对于自己不了解的问题,教师不能轻易放弃,而是要查阅专业书籍,找寻答案,这样才有利于拓展自己的学科视野,提高自己的学术素养,真正实现教学相长。

原文发表于《中学历史教学》2018 年第 7 期,略作增减

[①] 厉以宁. 资本主义的起源——比较经济史研究 [M]. 北京:商务印书馆,2003.

第六节 中学实践课程的开发探究
——以"走进圆明园"实践课程为中心

实践活动课程是指在教师的指导下,由学生自主进行的综合性学习活动。这是基于学生经验,密切联系学生的生活和社会实际,体现对知识综合应用的学习探究活动。实践活动课程超越教材、课堂和学校的局限,在活动时空上向自然环境和社会活动领域延伸,密切关注学生与自然界、与社会、与生活的联系。

"实践活动"是我国面向 21 世纪基础教育课程改革的新视点。它是在总结近几年我国中小学活动课程实践经验基础上发展起来的一种新型的课程组织形态,是与传统的学科课程有着一定的交叉性、继承性、综合性,并具有相对独立性特点的课程类型。

开发和实施综合性实践活动课程,是当代一些发达国家基础教育课程结构改革的基本趋势,它是在继承传统的综合课程和活动课程合理内核基础上发展起来的一种新型的课程组织形态,是综合课程和活动课程相结合的产物。当今很多国家倡导的课程改革形态体现了这一基本的样态特点。如最早实行综合性学习的德国,在传统的"合科课程"和"合科教学"的基础上,进一步提出了"实科学习",或者称"涉及诸学科的教学"的课程思想,这种课程超越了传统的学科学习的框架,而以各种各样的主题学习形式,有意识地展开倡导"统合化的课程"和"被统合化的课程",目的在于寻求个体的身体、情感、知性、价值、实践朝向自然的、社会的、文化的、伦理的诸学科、诸学问领域全体性的发展。英国在基础教育课程结构改革中,强调"学科交叉课程"的实施,它是一种超越了传统的学科领域的界限而具有横断的柔韧性特点的学习活动,是寻求广领域的、复合的、交叉的课程组织形式。国外的这些课程设计方向和经验,为我们开展实践课程设计提供了经验。

在吸收国外经验和参考本地实际的基础上,我们申报了海淀区课题"'走进圆明园'实践课程开发研究",并进行了详细研究。在此分享我们的一些思考，希望能为实践课程开发提供些微经验和帮助。

一、因地制宜，发掘本地教育资源

我国是有着四千多年悠久历史的文明古国，文化气息浓郁，历史遗迹遍布各地，而且都得到了较好的保护。且不说北京、西安、洛阳、南京这些世界知名的古都，即使是普通的城市，也保存着很多建筑遗迹和文化遗存，这些都是非常重要的实践课程资源，学校应该充分重视和开发利用。

北京一零一中学位于皇家园林——圆明园内，具有得天独厚的地域优势。圆明园是清代大型皇家园林，坐落在北京西北郊，占地面积340余公顷，山环水抱，景色秀丽，有"万园之园"的美誉，维克多·雨果称赞其为"一座令人神往的，如同月宫的城堡一样的建筑"。圆明园始建于康熙四十六年（公元1707年），毁于咸丰十年（公元1860年），经过康熙、雍正、乾隆、嘉庆、道光、咸丰六代皇帝跨越150多年的兴建，成为"令人叹为观止的，无与伦比的艺术杰作"。

"一座圆明园，半部清代史"，圆明园的兴衰是近代中国命运的真实写照。鼎盛时期的圆明园由三座园林构成，分别是圆明园、长春园和绮春园，三座园林呈倒品字形分布。北京一零一中坐落于绮春园西侧，依托圆明园深厚的历史和文化积淀，开展了丰富多彩的教育活动。一方面，历史组、语文组、地理组等教研组，都开设了多门选修课和实践课，组织学生前往圆明园考察研究，加深学生对圆明园历史、文化的理解和认识。另一方面，学校充分调动学生积极性，鼓励学生向外传播圆明园的文化。学校定期组织初、高中各班前往圆明园参加义务讲解活动，已然成为一种传统。凡此种种，无不增加学生对圆明园的热爱，使他们承担起一份责任，同时也扩大了圆明园文化的传播范围。

虽然我校部分学科围绕圆明园开展了很多活动，但这些活动都是基于教研组和部分教师自发开展的教学实践活动，既没有形成完善的课程体系，又没有持之以恒地坚持开展，缺乏一脉相承的连续性，对课程设计和经验的整合度远远不够。2014年，海淀区教科所和圆明园管理处组织部分重点中学历史教师和专家，合作编写了海淀区校本课程"走进圆明园"。本人有幸参与中学版的。编写该书讲述了圆明园的地理特点、历史变迁和文化内涵，体系完善，适合中学生阅读。但该书主要以宏观性的理论讲述为主，缺乏对圆明园每一处景点的详细介绍，难以支撑起详细具体的实践课程。

基于此，笔者申请了海淀区重点关注课题"'走进圆明园'实践课程开发研究"。首先，通过尝试整合北京一零一中学和清华附中已有的对圆明园实践探索和海淀区校本教材《走进圆明园》，并在借鉴当前学术界研究成果的基础上，对圆明园实践课程进行开发和重构，力图开发出一整套适用于中学教学的区级校本课程体系。其次，通过该课题的研究，探索中学如何利用本地历史和人文资源，开设具有本地特色的实践课程，丰富学校的课程体系，培养具有实践能力的学生。

全国各地都有自己的历史和文化遗迹，如何因地制宜地发掘这些教育资源、开发基于本地资源的课程模式，也是本课题的延伸任务。有一次，笔者带领来自唐山的老师游览圆明园，讲解"'走进圆明园'实践课程开发研究"的实施方案。他们非常受触动，说唐山当地就有很多历史和自然资源，他们也应该考虑如何开发这些资源，形成自己本地特色的课程。课程内容可能各不相同，但都具有本地特色。基于本地特色开发出来的实践课程就是独一无二的，也是对当地学生最有教育意义的。

二、课程驱动，研究提升专业素养

课程开发是一项极其重要、极其专业的工作，涉及教学活动的计划、组织，教学内容的编写、实施、评价和修订，往往还要跨一个或多个学科，开发难度大，专业要求高。国家课程的开发，都是非常慎重的，要经过专家反复论证、学校反复试点，才能最终推广。

以课程研究为驱动，可以较好地推动教育教学研究和课程开发。课程研究基本程序包括制定课程方案、编写课程内容、实施课程内容和评估课程效果。其中课程内容研究是最重要的环节，主要有搜集资料、整理资料、分析资料、整合研究结果和撰写课程内容。课程开发的过程，是研究者搜集资料、对课程进行深入研究的过程，对研究者的要求高。研究者也可以在此过程中掌握研究方法，扩展学术视野，提升专业水平，进而带动中学教学向专业化方向发展。

以笔者开发的"走进圆明园"实践课程为例,在开发该课程之前,笔者对圆明园的研究,更多的是肤浅的见解,对圆明园的兴建过程、建筑布局、建筑风格、山形水系缺乏深入全面了解。但自从研究该课程后,笔者和邢秀清老师(以下简称"邢老师")先后阅读了大量专业书籍,搜集查阅众多圆明园的研究资料,吸收圆明园研究的最新学术成果。① 例如,圆明园管理处编《圆明园百景图志》(中国大百科全书出版社,2010 年版)、张超著《家国天下》(百家出版社,2012 年版)、汪荣祖著《追寻失落的圆明园》(江苏教育出版社,2005 年版)、刘阳著《昔日的夏宫圆明园》(学苑出版社,2005 年版)、王开玺著《圆明园三百年祭》(东方出版社,2017 年版)等,其中《圆明园百景图志》较为详细、全面、系统和深入。该书不仅详细介绍了圆明园各处景点的历史沿革、功能定位、建筑特点,而且配有大量的图片资料,更有各景点的平面图,内含各建筑的详细分布,是研究圆明园不可或缺的资料集和地图集。

此外,我们还搜集整理了大量学术文章,整合了很多学术成果,充实我们的课程内容。如北京师范大学历史学院王开玺教授的《英军焚毁圆明园原因辨析》(《北京师范大学学报》(社会科学版)2003 年第 3 期)、《龚孝拱引导英军焚掠圆明园考论》(《北京社会科学》2011 年第 4 期)、《英军焚毁圆明园事件与"国际法"》[《北京师范大学学报》(社会科学版)2012 年第 2 期]、《圆明园"九洲清晏"与"九州清晏"问题之我见》[《北京师范大学学报》(社会科学版)2015 年第 4 期]等,对圆明园的前沿学术研究成果有了更加深入全面的认知。

这些学术著作和学术成果,被我们吸收整合到课程中,不仅提升了教师的专业素养,更进一步结合中学生的学习能力加以消化,融入我们的实践课程中。在此基础上,我们开发的实践课程就有了学术高度,更加具有专业性。

除了进行专业研究,我们还需要课程专家的引领和其他课程设计团队的宝贵经验。我们积极向海淀区教师进修学校和海淀区教科所的专家请教课程设计经验,依托成熟的经验,构建我们的实践课程,充实教学内容,完善教

---

① 邢秀清老师,北京市第一〇一中学历史教师,历史特级教师,走进圆明园实践课程第二作者。

学评价。同时，我们也向其他教研组的同事请教，相互学习听课，分享课程设计经验，提高学科整合能力。这些做法都极大提高了我们的课程设计能力，完善了我们的课程设计方案。

三、知行合一，课程研究反哺教学

无论多么精致的课程设计，服务对象总是教学和学生。能不能真正服务于教学，能不能为学生所接受，这是检验课程开发是否成功的最主要依据。为了提高课程的针对性和有效性，我们在设计课程时，引入了学生的参与。由师生共同设计授课内容，学生参与研究，教师完善修正，让课程设计的内容更适合学生认知水平。

根据我们的研究设想，"走进圆明园"实践课程体系将由三个主题构成：理论讲授、实践活动和学生自助讲解。理论讲授主要在课堂内进行，以教师讲授为主，内容包括圆明园建造缘起、建筑布局、历史变迁、组织功能、各景点的名称来源、文化内涵等。实践活动主要在圆明园各景点实地开展，为了便于开展课程，我们将圆明园划分为六大区域，包括福海景区、九州景区、休闲景区、耕稼景区、长春园景区、绮春园景区等。在参观每一个景区时，教师依据平面图和现存遗迹，带领学生实地参观讲解。在此过程中，教师安排学生选择景点中的具体建筑，由学生提前准备，进行伙伴互助式自助讲解。这样一方面可以加深学生对圆明园景点的直观感受；另一方面可以锻炼学生的实践能力，发挥学生的主体地位，增强学生的团队精神和服务意识，最大限度地挖掘圆明园的历史价值、教育价值和文化价值，一举多得。"走进圆明园"实践课程总共包括八个部分。

（1）圆明园总论之一。圆明园的兴衰分为：①建筑缘起；②兴建条件；③工程流程；④兴建过程；⑤惨遭焚毁。

（2）圆明园总论之二。圆明园的文化解读分为：①园林文化；②宗教文化；③建筑文化；④中西交融。

（3）景点分论部分。圆明园特色景点分为：①前朝区：正大光明、勤政亲贤；②后寝区：九州清晏、镂月开云、天然图画；③后寝区：碧桐书院、慈云普护、上下天光；④后寝区：杏花春馆、坦坦荡荡、茹古涵今。

（4）实践部分。带领学生实地探访圆明园四十景各处景点，学生提前准备相关资料，在参观过程中分组讲解。

（5）景点分论部分。长春园特色景点分为：①宗教建筑：宝相寺、法慧寺、方外观；②观赏建筑：大水法、观水法、狮子林；③域外奇珍：谐奇趣、黄花阵、玉玲珑馆。

（6）实践部分。带领学生实地探访长春园各景点，学生提前准备相关资料，在参观过程中分组讲解。

（7）景点分论部分。绮春园特色景点，分为：①宗教建筑：正觉寺、惠济祠、河神庙；②读书赋诗：四宜书屋；③感事应物：敷春堂、心镜轩；④春夏秋冬：春泽斋、清夏室、涵秋馆、生冬室。

（8）实践部分。带领学生实地探访绮春园各景点，学生提前准备相关资料，在参观过程中分组讲解。

在初步设计成型后，为了检验课程的实施情况，我们在学校开设了实践选修课"走进圆明园"，按照课程设计开展教学，既有理论讲授，又有现场考察，还有学生讲解，实现了较好的效果。学生选课积极性高，参与讲解的热情高涨，加深了对圆明园历史和文化的认知。

2020年是圆明园罹难160周年，这是民族的耻辱，更是民族永久的伤痛。铭记历史、开创未来，是当代中学生的历史责任，也是时代赋予的神圣使命。为了更好地铭记这段历史，我带领学生开展了"追寻失落的夏宫"主题实践活动。

我将圆明园四十景分配给同学们，每位同学负责探访一个景点。大家利用节假日，查找《圆明园四十景图》的相关资料和示意图，研究汇总每个景点的历史变迁、文化内涵、建筑格局、大致范围、山形水势等信息，对该景点产生基本了解。在此基础上，同学们去遗址探访，考察山形水势，并拍摄现存遗迹的照片。在强烈的古今对比下，同学们用文字记录自己的所思所感，角度不限，文字题材不限，可以是诗歌、辞赋，或者是现代文。

在同学们检索文献、考察探访并记录拍摄的基础上，我们把每一位同学收集的材料设计制作成展板和画册。展板最顶端为圆明园四十景的名称，下面并列的是清人所绘四十景图和同学们拍摄的遗址照片，最下面是同学们撰写的文字。四十余块展板陈列在校园内喷泉广场，供师生观赏品评，场面非常轰动。通过照片中强烈的古今对比，加深师生对圆明园的直观感受，体会屈辱历史，增强前进动力。同学们以自己的方式，表达对圆明园四十景的追忆和对历史的尊敬。

同时，我们也将圆明园实践课程推广出去。我们申报了北京教育学院的开放课程，参与了北京市中小学教师开放型教学实践活动，带领来自北京各区县的老师参观考察圆明园，汇报课程设计，得到了老师们的一致好评。我们还接待了来自香港和台湾的师生代表，由笔者和选报选修课的学生共同为香港和台湾师生讲解圆明园，收到了良好的社会反响。

从 2016 年开始设计这个实践课程，我和邢老师就在不断思考、学习、提升，充实专业知识，完善课程设计。在这个过程中，我们自身的专业素养和教学能力也得到提升。我们的研究经历表明，课程开发研究也是提升中学教师专业素养的有效途径，因此，中学教师应该重视课程设计，并以此反哺教学，让自己成长为研究型教师。

原文发表于《中国教师》2021 年第 3 期，略有增减

■ 教学课例 1　学科阅读引领下的历史教学设计
　　　　　　——以戊戌维新运动为中心

设计思路

鸦片战争爆发后，清政府被迫签订了一系列不平等条约，国家陷入内忧外患的严重局面，逐步沦为半殖民地半封建社会。中国的历史进入丧权辱国的近代时期。边疆不断出现危机，英俄觊觎新疆，法国侵入越南，后起的资本主义国家日本乘机发动侵略中国的甲午战争，中国面临被列强"瓜分豆剖"的危机。

面临"三千年未有之大变局"，中国各阶层都在采取措施，试图挽救民族危机。首先是农民阶级发起太平天国运动，试图推翻清王朝，建立"地上天国"。其次是清政府推行洋务新政，试图解决国弱民贫问题。这些都未能触动封建专制制度，也未能改变国家落后挨打的局面。甲午中日战争后，帝国主

义对中国的侵略日益加深，中国的民族危机不断加剧。

维新派在光绪皇帝支持下，发起维新变法运动。这场变法运动最终发展成一场救亡图存的政治运动。为了宣传变法思想，康有为写了《新学伪经考》和《孔子改制考》，从根本上动摇了统治者"恪守祖训"的观念，宣传了维新变法的合理性；梁启超宣传设议会、定宪法，实行君主立宪制；严复翻译了《天演论》，阐明了物竞天择、适者生存的社会进化论。1897年，随着德国强占胶州湾，帝国主义掀起瓜分中国的狂潮。1898年，光绪皇帝发起"百日维新"，开始对政治、经济、军事、教育进行全方位变革，顺应了时代需要。但是变法触动了守旧派利益，遭到他们的强烈反对，最终被废止。变法虽然失败，但推动了中国的思想启蒙和资本主义的发展。

本课在设计过程中，为了培养学生分析史料、提取信息的能力，加入了学科阅读的能力要求。阅读与分析史料，是历史学科的基本能力和素养，也是新高考重点考察的能力。以往的历史学科史料阅读具有明显的选择性，教师在授课时，会选择有倾向性的材料提供给学生阅读，这样得出的观点具有明显的主观性。本课在设计时，选择了很多观点不同甚至相反的材料，从史料实证的角度，引导学生分类整理、分析材料，最终得出自己的结论，体现了历史学科核心素养中的史料实证能力。

教学过程

■ 导入

教师：近代以来，中国和日本曾经面临近乎相同的历史命运，都曾实行闭关锁国政策，都曾遭受西方列强的侵略，被迫签署丧权辱国的不平等条约。为了改变屈辱的局面，两国相继发起了洋务运动和明治维新。但是，历时三十多年的改革，给中日两国带来了不同的国运。在中日甲午战争中，双方倾尽国力，一较高低。最终，"蕞尔小国"日本打败了"天朝上国"中国，引发了中国社会的广泛震动。梁启超说："唤起吾国四千年之大梦，实自甲午一役始也。"戊戌维新运动为何会发生？这场运动有什么特点？我们该如何看待这场运动？带着这些问题，今天我们一起学习戊戌维新运动。

■ 新课教学

一、迫在眉睫的维新

1895年4月,中国与日本签署了丧权辱国的《马关条约》。战争失败后,中国社会各阶层都进行了深刻反思,由此发起了戊戌维新运动。

教师展示材料,并设置问题:为什么维新变法已经"迫在眉睫"?

材料一 (参加过黄海海战的将士:)我国地广人众,沿海甚多,不能不设海军护卫。既设海军,必全按西法,庶足不(以)御外侮。西人创立海军多年,其中利弊,著书立说,无微不至。我国海军章程,与泰西不同,缘为我朝制所限,所以难而尽仿,所以难而操胜算也。

——盛宣怀档案资料选辑之三《甲午中日战争》①

奕䜣:"中国之败,全由不西化之故,非鸿章之过。"

——黄遵宪《马关纪事》

今之言变法者,其荦荦大端,必曰练兵也,开矿也,通商也,斯固然矣。然……船械不能自造,仰息他人,能如志乎?海军不游弋他国,将卒不习风波,一旦临敌,能有功乎……科举不改,聪明之士,皆务习贴括,以取富贵,趋舍异路,能俯就乎?官制不改,学成而无所用,投闲置散……奇才异能,能自安乎?

吾今为一言以蔽之曰:变法之本,在育人才,人才之兴,在开学校,学校之立,在变科举,而一切要其大成,在变官制。

——梁启超《论变法不知本原之害》②

从材料中可以看出,参加过黄海海战的将士是最有发言权的,他们不仅认识到中国海军装备的落后,更认识到深层次的"朝制所限",即中国体制存在问题。作为统治阶层核心人物的奕䜣也指出了"不西化之故"的内在矛盾,也就是"中体西用"只学习器物,并未触动制度。知识分子也对洋务派的"中体西用"思想进行了批评,提出要学习西方政治制度。

---

① 盛宣怀档案资料选辑之三 甲午中日战争:下册 [M]. 上海:上海人民出版社,1982.
② 梁启超. 论变法不知本原之害 [M]//中国近代史资料丛刊戊戌变法:三 [M]. 上海:上海人民出版社,1957.

各阶层既对甲午战争的失败进行了反思,也对持续了三十多年的洋务运动进行了全面检讨。洋务运动只是停留在对西方"器物"的简单模仿,并未触动封建制度和封建纲常伦理。接下来对封建制度进行改革,就成为历史的必然选择。

[设计意图] 通过分析各阶层对甲午战争失败原因的认识,既能使学生了解到洋务运动的局限性,又能使学生认识到戊戌维新运动的时代必然性。

二、托古改制的维新

政治改革已经成为时代趋势,但改革毕竟是一个系统性的大工程,一定会触动既得利益者的利益。因此,由谁来主导改革?实施哪些改革?如何实施改革?这些都是改革者需要提前规划的关键性问题,尤其是在保守势力比较强大的晚清时期,这些问题更要慎之又慎。陈旭麓先生在《近代中国社会的新陈代谢》中写道:"变与不变,是对时代推来的问题作出两种相反的回答,两者都出自中国社会的现实,并各自反映了这种现实的一部分。但是,对现实的论证需要借助历史;对具体的论证需要借助一般;而为了说服多数,则需要借助权威。"①

如果实行大刀阔斧的改革,必然会引发保守势力的激烈反对,因此维新派先要进行思想宣传,从思想上宣传维新变法的合理性。1891年,康有为发表了《新学伪经考》,1895年完成了《孔子改制考》。我们一起通过阅读材料,分析康有为写作"两考"的目的。

学生通过阅读材料,思考问题:《孔子改制考》中的孔子是什么形象?

材料二 孔子拨乱升平,托文王以行君主之仁政……托尧舜以行民主之太平。

读《王制》选士、造士、俊士之法……选举之制为孔子所创,昭昭然矣。选举者,孔子之制也。

——《孔子改制考》②

学生:《孔子改制考》中的孔子支持进行制度改革。

从材料中我们可以看出,《孔子改制考》尊奉孔子为托古改制的改

---

① 陈旭麓. 近代中国社会的新陈代谢 [M]. 北京:中国人民大学出版社,2012.
② 康有为:孔子改制考 [M]. 283、284,238 页。

革家。

学生继续阅读材料,思考问题:康有为为什么将孔子描绘成"托古改制"的改革家呢?

布衣改制,事大骇人,故不如与之先王,既不惊人,自可避祸。

——康有为《孔子改制考》

中国重君权,尊国制。猝言变革,人必骇怪,故必先言孔子改制,以为大圣人有此微言大义,然后能持其说。

——皮锡瑞《师伏堂日记》

假使我们是甲午到戊戌那个时代的人,眼看见我们的国家被小小的日本打败了,打败了以后又要割地赔款,我们还不激昂慷慨想要救国吗?又假使我们是那个时代的人,新知识新技术都没有,所能作的仅八股文章,所读过的书仅中国的经史,我们救国方案还不是离不开我们的经典,免不了作些空泛而动听的文章?假使正在这个时候,我们中间出了一个人提出一个伟大的方案,既合乎古训,又适宜时局,其文章是我们所佩服的,其论调正合乎我们的胃口,那我们还不拥护他吗?康有为就是这时代中的这样的人。

——蒋廷黻《中国近代史》

康有为之所以将孔子描绘成"托古改制"的改革家,主要是借助孔子的权威,减轻变法的阻力,宣传维新变法思想。那康有为借助诠释儒家经典来宣传维新主张的利弊是什么?

学生:这么做有利于减轻变法阻力,宣传变法思想,但是这样也导致社会各界对变法的理论基础存在很大争议。

不论如何,康有为等人的宣传确实推动了维新思想的传播,为变法奠定了理论基础,推动了戊戌维新运动的开展。

[设计意图] 通过分析康有为的维新思想,使学生认识到变法的艰巨性,为全面认识戊戌维新运动打下基础。

三、功亏一篑的维新

1. 公车上书

日本逼迫清政府签订《马关条约》的消息传回国内,激起朝野上下的反对声浪。在京官员及在京参加会试的各省举人纷纷联名上书。康有为、梁启超组织了联合各省举人的"公车上书",虽然最终未能送达光绪皇帝,但是拉开了维新运动的序幕。

现代历史学者、北京大学教授茅海建在研究了"公车上书"的相关档案文献后,对康有为是否发起"公车上书"提出了不同意见。

学生阅读材料,探究问题一:康有为有没有"上书"?

材料三　康有为在《康南海自编年谱》中说:

"再命大学士李鸿章求和,议定割辽、台,并偿款二万万两。三月二十一日电到北京,吾先知消息,即令卓如(梁启超)鼓动各省,并先鼓动粤中公车,上折拒和议,湖南人和之……时以士气可用,乃合十八省举人于松筠庵会议,与名者千二百余人,以一昼二夜草万言书,请拒和、迁都、变法三者……并日缮写……遍传都下,士气愤涌,联轨察院(都察院)前里许,至四月八日投递,则察院以既已用宝(光绪帝批准和约),无法挽回,却不收。"

材料四　当代学者茅海建详细查阅清朝军机处《随手档》《早事档》《上谕档》《电报档》《洋务档》《收电》《交发档》《宫中电报电旨》等档案,提出:

"从二月二十七日至四月二十一日,在不到两个月的日子里,上奏、代奏或电奏的次数达到154次,加入的人数超过2 464人次……在各省,封疆大吏电奏反对者(反对签订和约)已过其半数;在京城,翰林院、总理衙门、国子监、内阁、吏部官员皆有大规模的联名上书;举人们的单独上书也达到了31次,加入的人数达到了1 555人次;举人们参加官员领衔的上书为7次,加入人数为135人次。""四月初八日(5月2日),即康有为所称'不收'其上书的当日,都察院代奏了官员举人的上书共计15件。"

茅海建认为:"由此可以证明,康有为组织的18行省公车联名上书,并非都察院不收,而是康有为根本没有去送。"

学生:材料三是康有为的记录,应该有客观性,因此通过材料三可以看出康有为组织各省举人"上书"了。材料四是茅海建查阅了很多档案史料,史料之间可以相互印证,因此通过材料四可以看出康有为没有"上书"。这两个材料是矛盾的。

教师:大家分析的都有道理,这就说明对康有为是否上书这个问题存在争论。同时,依据不同的史料,可以分析出不同的历史结论,这就是历史核心素养中的史料实证。对于康有为是否上书的问题，我们可以从不同的角度、利用不同的史料来论述：

参考示例1：茅海建的观点较为可信。理由是：所依据的史料属于可信度很高的档案材料；使用了多种档案材料相互印证，详细统计各阶层上书数量，其结论具有扎实的史料基础。

参考示例2：茅海建的观点仍需进一步证明，因为他所引用的史料中并没有直接记载康有为是否上书，仅依据都察院代奏上书的统计数据，不足以得出结论说康有为没有上书。

教师：综合以上分析，请大家思考，我们应该如何辨析史料？

在辨析史料时，我们应该关注以下几个方面：

①史料的类型与价值：文献史料、实物史料，官方史料、私人著述；

②史料的视角和立场：不同视角对同一史实进行描述，可能出现差异；

③史料的内容：历史现象（过程）、价值判断；

④史料形成的时代背景：不同的时代背景对作者的记述会产生影响。

2. 百日维新

1898年6月11日，光绪皇帝在维新派推动下，颁布"明定国是"诏书。此后的103天里，光绪皇帝先后发布上百道变法诏令，涉及政治、经济、军事、文化、教育等方面除旧布新的举措，史称"百日维新"。主要内容包括：

设立京师大学堂（6月11日、8月9日）。

发展农工商业（6月20日）。

废八股改试策论（6月23日）。

发展铁路矿务（6月25日）。

裁撤冗员和不必要的机构，包括①詹事府、通政司、光禄寺、鸿胪寺、太常寺、太仆寺、大理寺；②湖北、广东和云南巡抚；③东河河道总督、漕运屯卫和盐运使（8月30日）。

士民上书言事，不许稍有阻隔（9月11日）。

整顿海陆军，裁剪冗兵，采用新法练兵，增强海防实力。

——徐中约《中国的奋斗》①

"百日维新"的一揽子变法措施，涉及政治、经济、军事、文化、教育等领域。在教育方面的改革措施尤其突出，最有名的就是设立京师大学堂，它既是近代中国第一所由中央政府建立的综合大学，又是国家最高教育行政机关，主导新式教育的推进，采取分科教育的方式。京师大学堂的建立，是中国教育近代化的标志。1912年，京师大学堂改名为"北京大学"。

这些变法措施，点燃了知识分子的参政热情，根据梁启超在《戊戌政变记》的回忆："人人封章，得直达于上。举国鼓舞欢蹈，争求上书，民间疾苦，悉达天听。每日每署封章皆数十，上鸡鸣而起，日晡乃罢，览阅奏章，犹不能尽。"

但是，这些变法改变了清政府的权力格局，引起慈禧太后的警惕，清政府中的守旧势力也以种种理由阻止变法的开展。9月21日，慈禧太后将光绪皇帝囚禁在中南海的瀛台，她再次临朝训政。康有为、梁启超被迫逃亡海外，谭嗣同、杨锐、刘光第、林旭、杨深秀、康广仁六人，被杀于北京菜市口，史称"戊戌六君子"。变法期间的改革措施，除京师大学堂得以保留外，均被废止。

教师展示材料，学生思考探究问题二：戊戌维新运动为何会失败？

材料五　戊戌变法期间，光绪皇帝共计发布变法诏令184条，包括政治、经济、文化、教育等各个方面。对此，时任海关总税务司的赫德指出："他们把足够9年吃的东西，不顾它的胃量和消化能力，在3个月之内都填塞给它吃了。"康有为的《新学伪经考》和《孔子改制考》在思想上引发了极大震动，不仅顽固派坚决反对，而且不少维新派人物如唐才常、黄遵宪也难以接受，帝党领袖翁同龢也斥之为"说经家一野狐也"。因此，他的著作出版不久，即被光绪皇帝下令毁版。

——马士《中华帝国对外关系史》等

材料六　戊戌变政，首在裁官。京师闲散衙门被裁者不下十余处，连带关系因之失职失业者将及万人，朝野震骇，颇有民不聊生之戚。

---

① 徐中约. 中国近代史——中国的奋斗[M]. 北京：世界图书出版社，2013.

——陈夔龙《梦蕉亭杂记》

关于戊戌维新运动失败的原因,可以从以下几个角度思考:

①变法内容上贪大求全;

②变法过程中急于求成;

③变法理论有偏激之处,内部意见分歧;

④变法触动了既得利益者的利益,树敌太多。

改革必定会触动既得利益者的利益,引起他们的激烈反对,因此,如何处理这些错综复杂的矛盾,需要改革者深思熟虑、周密安排,正如王先明教授在《中国近代史》中所说的:"(戊戌变法)这一揽子改革计划,既表达了光绪皇帝救亡图存的急切心情,也传递了他政治上缺乏深谋远虑的信息。变法,尤其是政治制度的根本性改革,选择性地单向进入并深入突破,取得成功后,次第渐次展开并最终实现全面改革,比之于'一揽子'方案的全面展开,更具有战略价值。"①

戊戌维新运动以失败而告终,但这次变法运动对于推动中国民族资本主义的发展和新思想的传播,起到了积极作用。

[设计意图]"公车上书"部分,主要通过设置不同的材料,培养学生从不同角度辩证分析史料的能力。"百日维新"部分,通过提供较为全面的史料,引导学生总结概括维新措施的不同方面,并全面分析运动失败的原因。

四、思想启蒙的维新

戊戌维新运动对于政治、经济、思想和社会等方面都产生了深刻的影响。教师展示材料,学生从不同角度总结维新运动的影响。

材料七 戊戌维新以虽败犹荣的历史结局,赢得了历史的未来。

第一,戊戌维新运动是一次爱国救亡运动……19世纪末列强掀起瓜分中国的狂潮,维新派在民族危亡的关键时刻,高举救亡图存的旗帜,要求通过变法,使中国走上富强的道路。

第二,戊戌变法是中国第一次政治现代化的尝试……它突破了洋务新政的"中体西用"的思维定势,开启了全面学习西学并以西学改造中学的

---

① 王先明. 中国近代史[M]. 北京:中国人民大学出版社,2011.

路径……强劲地改变着中国传统的价值观念……使近代中国的改革由器物层面深入到政体层面。

第三，戊戌维新运动更是一场思想启蒙运动。维新派……通过办报刊、学会和学堂，大量地传播西方近代自然科学和社会科学知识，介绍西方的自由、平等学说。它鼓吹"兴民权""开议院""君民共主"，建立君主立宪制度……是中国近代民主启蒙运动的真正起点。

第四，为民族资本近代企业发展创造了有利条件。维新期间，清政府颁布了一些保护和鼓励民族企业发展的政策，激发了人们"实业救国"的热情，形成了民族企业发展的第一次投资高潮。

——王先明《中国近代史（1840—1949）》①

材料八　一批一批的中国人接受了进化论；一批一批的传统士人在洗了脑之后转化为或多或少具有近代意识的知识分子。"好战者言兵，好货者言商，好新器新理者言农工，好名法者言新律。"就其历史意义而言，这种场面，要比千军万马的厮杀更加惊心动魄。

——陈旭麓《近代中国社会的新陈代谢》②

戊戌维新运动是一场救亡图存的政治运动，政治上宣传了君主立宪制度，经济上推动了民族资本主义发展，思想上推动了思想解放，在社会上起到了思想启蒙的作用。

慈禧镇压"百日维新"三年后，清政府被迫签订《辛丑条约》。迫于形势，她亲自推行了"清末新政"，其内容与百日维新并无二致。慈禧终于活成了自己曾经最讨厌的样子。

慈禧镇压"百日维新"十二年后，辛亥革命爆发，清政府被推翻。戊戌维新变法中激烈反对变法的守旧派，一转眼就沦落为清朝遗老。

有人说，慈禧镇压了百日维新，使清政府丧失了最后的自我挽救的机会。在当时的形势下，变法已经成为时代趋势，没有人能对抗时代，正如孙中山所说："世界潮流，浩浩荡荡，顺之则昌，逆之则亡。"

[设计意图]　通过分析戊戌维新运动的影响，引导学生从消极和积极两

---

① 王先明. 中国近代史 [M]. 北京：中国人民大学出版社，2011.
② 陈旭麓. 近代中国社会的新陈代谢 [M]. 北京：中国人民大学出版社，2012.

个角度辩证分析事物，多角度地看待问题。

■ **课后小结**

本课侧重于培养学生史料实证和历史解释这两项核心素养。通过提供丰富的史料，引导学生分析史料、辨析史料，从不同角度认识史料，从而得出自己的历史认识。通过从不同角度提供史料，引导学生多角度、辩证地看待历史问题。

当然，核心素养的培养，不能仅靠一节课来实现，但要从每一节课入手，注重在课堂上渗透、培养学生的历史能力和素养。在备课过程中，教师应该广泛阅读专业书籍，提升专业素养，选择典型史料，提供分析方法，逐步帮助学生培养历史能力与核心素养。

教学课例2　时代大视野中的十月革命

设计思路

1917年的十月革命具有重大的历史意义，对俄国、对世界、对历史都产生了深远影响。十月革命的爆发，有其偶然性，但更重要的是其时代必然性。随着工业革命的发展、阶级矛盾的激化，无产阶级在马克思主义的指导下，开始建立政权的尝试。从这个角度看，十月革命是时代发展的必然产物。只有将十月革命置于时代大视野中，才能更好地理解十月革命的必然性，更深刻地理解十月革命的伟大历史意义。

十月革命胜利后，如何巩固新生的社会主义，也成为摆在列宁面前的重要问题。在不同时期，针对不同的时代课题，列宁采取了不同的措施，逐步完善了社会主义制度。这体现了社会主义理论和制度也在随着时代变迁而不断发展和丰富。

教学过程

■ 导入

1848年《共产党宣言》问世的问世,标志着马克思主义诞生。社会主义也从空想发展到科学;1864年的第一国际和1871年的巴黎公社,标志着社会主义从理论到实践;1917年的十月革命,标志着社会主义从理想变为现实。那十月革命为何会爆发?十月革命又如何改变了世界历史进程?带着这些问题,我们一起走近十月革命。

一、列宁主义的形成

1. 俄国工业的发展和无产阶级力量壮大

十月革命作为社会主义革命,无产阶级是主要的革命力量。作为并不发达的资本主义国家,无产阶级并不是十分强大,但十月革命为什么会首先在俄国发生?教师展示材料,并引导学生思考:俄国资本主义发展具有什么特点?

材料一 1861年农奴制改革之后,沙皇俄国工业化发展迅速,到19世纪80年代,俄国棉纺织品增长67%,生铁增长190%,煤炭增长131%,铁路由60年代的1 000公里增加到90年代的32 000公里,19世纪末20世纪初,俄国进入帝国主义阶段。但俄国是小农经济占优势的国家,农业人口占全国人口的4/5。1913年按人口计算,俄国的钢产量只及美国的1/11,德国的1/8,英国的1/5,法国的1/4。

——王斯德主编《世界现代史》

学生分析材料一,思考并回答。教师总结:从这则材料中我们可以看到:一方面俄国工业有了明显发展,各项工业指标增长迅速,工业发展推动了工业资产阶级力量壮大,导致资产阶级与沙皇专制统治矛盾激化;另一方面,俄国还是小农经济占优势的国家,与其他帝国主义国家相比,经济依然落后,资产阶级总体力量比较弱小,成为帝国主义链条上最薄弱的一环。资产阶级力量弱小,客观上使无产阶级革命的阻力就要小一些,成功的概率更大。

教师展示材料，并讲解：随着俄国工业的发展，工厂需要雇佣更多的工人，工人阶级力量不断壮大。工人阶级的壮大，为列宁主义的形成提供了阶级基础。

工人运动的发展，需要无产阶级政党的领导和马克思主义的指导。1898年，俄国社会民主工党成立，它是工人阶级参加的第一个政党，但成员复杂、政治纲领不明确，因此不能担任领导工人运动的历史使命。1900年，列宁创办《火星报》，宣传马克思主义，为建立新型的无产阶级政党做准备。

2. 列宁主义和布尔什维克党

教师展示材料，并引导学生思考：列宁曾经说："布尔什维主义作为一个政治思潮，作为一个政党而存在，是从1903年开始的。"我们如何理解列宁的论述？

材料二　1903年7月30日，举行了俄国社会民主工党第二次代表大会。经过激烈争论，列宁关于建立新型无产阶级政党、反对沙皇制度和资本主义的革命路线，获得了多数人的赞同。

——陈之骅、吴恩远、马龙闪主编《苏联兴亡史纲》

材料三　在最后选举党的中央领导机构时党内发生了分歧，拥护列宁的人得多数票，称布尔什维克，其观点成为布尔什维主义……布尔什维克成为独立的马克思主义政党。

——本书编写组《社会主义发展史》

俄国社会民主工党第二次代表大会，推动了列宁主义的诞生和布尔什维克党的成立。列宁主义的提出和完善，为十月革命提供了思想基础；布尔什维克党的成立，为十月革命提供了领导力量；俄国社会民主工党第二次代表大会，为十月革命提供了组织基础。俄国社会主义革命的各项条件已经基本成熟了。

教师展示材料，并引导学生思考：列宁主义是如何继承和发展了马克思主义呢？

材料四

社会主义革命将首先在几个资本主义发达国家大体上同时取得胜利；共产党人的目的只有用暴力推翻全部现存的社会制度。

——马克思的主张

社会主义可能首先在少数甚至单独一个资本主义国家内获得胜利；

俄国是帝国主义链条中最薄弱的一环；

工人阶级以暴力推翻资产阶级政权，建立无产阶级专政。

——列宁

通过材料四可以看出，列宁主义对马克思主义继承的方面：都主张建立社会主义，途径都是无产阶级用暴力手段推翻资本主义制度。

同时列宁主义又在以下几个方面发展了马克思主义：马克思认为社会主义革命会首先发生在几个主要的、发达的资本主义国家，因为这些国家无产阶级掌握了先进技术，发展比较成熟，工会组织比较完善，力量大，便于团结起来进行革命斗争；列宁认为社会主义会首先发生在少数甚至一个资本主义国家内部，尤其是发展相对落后的资本主义国家，而俄国是帝国主义链条中最薄弱的一环，资产阶级力量弱小，容易完成社会主义革命。

列宁看到了资本主义已经进入到帝国主义阶段的新变化，将马克思主义基本原理与俄国革命具体实际相结合，形成了列宁主义，为帝国主义时代的无产阶级革命提供了强大的思想武器。

[设计意图] 通过分析列宁主义的形成，使学生了解社会主义道路的特殊性和复杂性，理解马克思主义需要结合不同国情进行调整，马克思主义也是在不断发展和丰富的。

二、十月革命的胜利

俄国已经具备了阶级基础——工人阶级，政党基础——布尔什维克党，指导思想——列宁主义，这些都为十月革命的爆发准备了必要条件。但革命的爆发，还需要一条导火索，这条导火索就是第一次世界大战。教师展示（表1-6-1），并讲解：

表1-6-1 第一次世界大战对俄国的影响

死、伤、被俘人数	占应征人数的1/2左右
军费开支（1913—1917年）	从88亿卢布增长到500亿卢布
生活必需品	价格提高了400%~500%
工人大罢工	仅1916年就发生1 500起

第一次世界大战（以下简称"一战"）爆发后，沙俄参加了战争，结果损失惨重，伤亡人数激增，军费开支巨大。由于缺乏劳动力，导致生产严重萎缩，物资奇缺，生活必需品价格大幅上涨，人民生活水平下降，工人罢工越来越频繁。社会矛盾激化，人民生活贫困，社会动荡。

列宁说：假如没有战争，俄国也许会过上几年甚至几十年而不发生反对资本家的革命。十月革命之所以爆发于1917年，与第一次世界大战有密不可分的关系。

1. 二月革命

1917年2月25日（公历3月10日），饥寒交迫的彼得格勒数十万工人发动了总罢工，很快总罢工转变成武装起义，这就是二月革命。二月革命的爆发，促使资产阶级与沙皇政府分道扬镳。2月27日，资产阶级成立国家杜马临时委员会，宣称"有责任承担起恢复国家和社会秩序"的使命。众叛亲离的沙皇尼古拉二世被迫退位，罗曼诺夫王朝灭亡。二月革命推翻了沙皇专制统治，资产阶级临时政府接管政权。

资产阶级临时政府只是在形式上掌管着政权，但它所依靠的仅仅是一部分旧俄军队和军校士官生。彼得格勒工兵代表苏维埃则拥有在二月革命中武装起来的几十万工人和起义的士兵，双方力量并不对等。资产阶级临时政府主席李沃夫后来曾这样分析俄国当时的政治形势："临时政府有权无力，而工兵代表苏维埃却有力无权"。

教师展示材料，并引导学生分析：临时政府能否长期执政？它是否满足了人民的要求？

材料五　临时政府在3月1日（公历3月14日）声明将执行沙皇政府同英法帝国主义国家签订的密约，把战争进行到胜利结束。俄罗斯人民厌恶战争，渴望和平、面包、土地，但是资产阶级临时政府不能带给人民这些。

——摘编自张建华《俄国史》[①]

临时政府没有满足人民对和平和面包的渴望，反而继续参加帝国主义战争，这引发了人民的强烈不满。

[①] 张建华. 俄国史［M］. 北京：人民出版社，2014.

2.《四月提纲》

1917年4月,列宁回到了彼得格勒,发表了著名的《四月提纲》,为下一步的革命指明了方向。

列宁指出:"俄国当前形势的特点是从革命的第一阶段向革命的第二阶段过渡,第一阶段由于无产阶级的觉悟性和组织程度不够,政权落到了资产阶级手中,第二阶段则应当使政权转到无产阶级和贫苦农民手中。"

列宁提出了将俄国革命从资产阶级民主革命向社会主义革命推进的战略,通过社会主义革命,夺取政权,并亲自领导了武装夺取政权的斗争。此后,革命的领导权已经转到了列宁为首的布尔什维克党手中。

3. 十月革命与苏维埃政权的建立

1917年11月7日,列宁来到斯莫尔尼宫,亲自领导十月革命。当天晚上,工人和士兵为主的革命武装占领了临时政府所在地冬宫,推翻了资产阶级临时政府。由于临时政府早已丧失民心,所以革命武装并没有遭到有力抵抗,十月革命推翻了资产阶级临时政府,并组建了布尔什维克党领导的苏维埃政权。

教师展示材料,并讲解:

材料六 在攻打冬宫的同时,11月7日晚,全俄工兵代表苏维埃第二次代表大会在斯莫尔尼宫开幕。大会通过了《告工人、士兵和农民书》,宣布代表大会已经把政权掌握在自己手中;大会还通过了《和平法令》《土地法令》。《和平法令》宣布,苏维埃政府"向一切交战国的人民及其政府建议,立即就缔结公正的民主的和约开始谈判"。《土地法令》决定,无偿没收地主的土地,交给劳动者使用,"永远废除土地私有权"。大会成立了人民委员会,列宁当选为人民委员会主席。

——武寅《简明世界历史读本》①

从材料六中,可以总结出:这次会议标志着苏维埃政权在俄国正式建立,苏维埃政权满足了人民对于和平、土地的愿望,建立了生产资料公有制,宣告了世界上第一个社会主义国家的诞生。

十月革命具有非常深远的历史意义。从世界格局来看,建立了人类历

---

① 武寅. 简明世界历史读本[M]. 北京:中国社会科学出版社,2014.

史上第一个无产阶级领导的国家，打破了资本主义一统天下的世界格局；从马克思主义的发展来看，实现了社会主义从理想到现实的伟大飞跃，开辟了人类探索社会主义道路的新纪元；对亚非拉而言，沉重打击了帝国主义对世界的统治，极大地鼓舞了殖民地半殖民地人民的解放斗争。从此，资本主义和社会主义两种社会制度的并存与竞争，成为世界历史的重要内容。

1917年，苏维埃政权的建立，仅仅是万里长征第一步。如何在帝国主义的包围和封锁中巩固和建设苏维埃政权，考验着列宁和布尔什维克党的政治智慧。我们继续学习苏联建设社会主义的实践。

[**设计意图**] 通过了解十月革命的历史过程，引导学生从"经济基础决定上层建筑"的唯物史观出发，了解十月革命的时代背景，理解十月革命的历史必然性。

三、苏联建设社会主义的实践

1. 战时共产主义政策

苏维埃政权建立后，面临着来自国内外的巨大压力。国内外反动势力联合起来，共同镇压新生的苏维埃政权。教师展示图片和材料，并引导学生分析战时共产主义政策制定的背景。

材料七　苏维埃政权遭受了最严峻的挑战。新生的政权处于军事和财力上数倍于苏维埃的帝国主义的重重包围之中，最重要的能源、燃料、粮食产地和最重要的交通线大都控制在帝国主义手中，全俄3/4版图被反苏势力所占领。

——张建华《俄国史》[①]

苏俄成立之初，面临着国内外的巨大压力。为了巩固苏维埃政权，就需要把有限的力量集中起来，保证战争的胜利。苏维埃政权实行战时共产主义政策，涉及农业、工业、流通和分配四个方面。其中最重要的措施就是实行余粮收集制。1918年5月9日，苏维埃政权颁布法令，宣布实施粮食垄断政策，禁止一切私人买卖粮食行为。1919年1月11日，人民委员会宣布实行"余粮征集制"，国家所需要的粮食数目就是农民应该交纳的"余粮"数。余粮收集制就将农民除口粮、种子粮以外的一切余粮收集到国家

---

① 张建华. 俄国史 [M]. 北京：人民出版社，2014.

手中。

我们该如何评价战时共产主义政策,尤其是"余粮征集制"呢?从余粮收集制的实施效果来看,1917年11月到1918年8月的粮食征集额是3 000万普特,1918年8月至1919年8月的粮食征集额是一亿一千万普特,1920年至1921年粮食征集额是四亿两千三百万普特。一方面,余粮收集制保证了前线的粮食供应,缓解了城市饥荒,巩固了苏维埃政权,但是,余粮收集制在实施过程中,严重损害了农民的利益,甚至拿走了农民的口粮和种子粮,引发了农民的不满。1921年春,全国普遍爆发了饥荒,忍饥挨饿和生活没有着落的农民自发地组织了一些暴动,将暴乱的目标指向了苏维埃政权。仅在西伯利亚的伊施姆一县,参加暴乱的农民就达到六万多人。一些农民还打出"要苏维埃,但是不要布尔什维克参加的苏维埃"的口号①。战时共产主义政策,引发了严重的经济和政治危机。

列宁后来对战时共产主义政策进行了反思,他说:我们计划用无产阶级国家直接下命令的办法在一个小农国家里按共产主义原则来调整国家的产品生产和分配。现实生活说明我们错了。苏俄是小农经济国家,生产力落后,如果直接实行共产主义,必然违背了本国国情和客观经济规律。对当时的苏俄来说,恢复和发展经济是首要任务,列宁准备实行"新经济政策"。

2. 新经济政策

1921年,苏联实行新经济政策。教师展示材料,并引导学生总结新经济政策的主要内容,并思考:粮食税取代余粮收集制的影响?

材料八 1921年3月,列宁作了《关于以粮食税代表余粮收集制》的报告。大会决定废除余粮收集制,取而代之实行粮食税;降低粮食税;农民在完税后可以自由处理余粮,用来交换生活必需品。政府允许农民将余粮和手工业品拿到市场上自由交换和买卖,就等于恢复国内的自由贸易。1921年5月召开的俄共(布)第10次全国紧急代表会议强调"商品交换是新经济政策的基本杠杆"。

——摘编自张建华《俄国史》②

---

①② 张建华. 俄国史[M]. 北京:人民出版社,2014.

通过分析材料八，我们可以看到：粮食税取代余粮收集制是一项顺应民心的重大举措。粮食税提高了农民的生产积极性，增加了农民收入，推动了农业发展，缓解了经济和政治危机；同时粮食税的实行，间接恢复了商品经济，顺应了客观经济规律，推动了国民经济的恢复发展。

在改革农业的同时，苏维埃也对工业进行改革。战时共产主义政策实行工业国有化，将全部大企业和一部分中型企业收归国有。这些企业缺乏资金、技术，工人没有劳动积极性，难以维持。

教师展示材料，并引导学生思考：苏维埃允许私营企业和外国资本发展的作用。

材料九 在工业方面，利用国内的民间资本和国外资本发展工业、鼓励私营商业企业的发展。1921年5月27日，人民委员会宣布废除企业国有化法令。7月5日，全俄中央执行委员会颁布法令，允许合作社、联合体或私人承租不宜由国家管理的企业，实行租赁制，即将国内企业出租给外国资本家经营，目的是利用国外资本、技术和管理手段。

——摘编自张建华《俄国史》[①]

通过材料九，我们可以分析出来：私营企业体现了市场机制的调节作用，通过实行租赁制的方式，将企业租赁给外国资本家和苏俄国内资本，这样可以引进外国资本和先进技术，有利于发展苏俄经济，进而巩固苏维埃政权，同时又不会触动社会主义公有制。

接下来老师带领学生探究以下两个问题：

探究问题一：大家分析表1-6-2，思考新经济政策"新"在哪里？

表1-6-2 战时共产主义政策和新经济政策对比

政策	战时共产主义政策	新经济政策
农业	余粮收集制	粮食税
工业	国有化	私营企业 租赁制，引入外国资本

[①] 张建华. 俄国史[M]. 北京：人民出版社，2014.

学生回答，教师总结讲解："新"在打破了僵化的企业管理方式，通过改变企业经营方式，引入有限的私有制和外国资本，恢复了市场调节机制和商品货币关系，所有制也有所松动，目的是恢复和发展经济，最终逐步过渡到社会主义。因此"新经济政策"并不是否定了社会主义，而是认识到社会主义的本质是发展经济，将社会主义与发展经济紧密结合。

探究问题二：依据图1-6-1和材料，分析新经济政策有何意义？

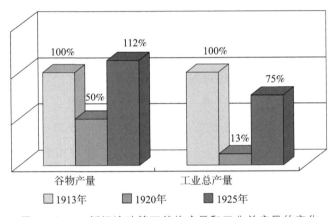

图1-6-1 新经济政策下谷物产量和工业总产量的变化

材料十 新经济政策的实质是苏维埃政权在直接向社会主义过渡的尝试失败后，转而利用市场、商品、外资等方式维护工农联盟，巩固苏维埃政权，向社会主义逐步过渡，是苏维埃政权的一次重大转折。它表明，社会主义概念需要在实践中不断发展。

——摘编自张建华《俄国史》①

学生总结图表信息，分析材料十中的信息。

教师讲解：新经济政策的意义体现在：①稳定和恢复了国民经济，巩固了苏维埃政权；②体现了苏俄不断探索社会主义建设道路，社会主义建设模式需要在实践中不断发展。新经济政策不仅是对苏联社会主义建设道路的成功探索，也是对社会主义理论的丰富和完善。

---

① 张建华. 俄国史[M]. 北京：人民出版社，2014.

3. 苏联模式

1924年1月，列宁逝世。在斯大林的领导下，苏联逐渐形成了"苏联模式"。对于如何建设苏联的社会主义工业化？在当时的时代背景下，斯大林形成了自己的看法。

教师展示材料，并引导学生分析苏联模式的特点：

材料十一　斯大林认为，苏联处在资本主义包围之下，必须建立自己独立完整的社会主义经济体系，即把苏联建设成一个不仅能生产一般消费品，而且能生产各种机器和设备的国家。斯大林坚持认为，经济落后必然要挨打。因此必须高速度发展国民经济。他认为，苏联已建立了无产阶级专政政权，可以依靠行政力量来加快经济发展。因而，他主张用行政命令、指令性计划的办法快速发展经济。具体讲，一是用计划保证优先发展重工业，二是用行政办法扩大内部的资金积累。

——张建华《俄国史》①

从材料十一中可以看出，斯大林认为当时苏联面临帝国主义的包围和封锁，加之苏联经济落后，工业发展缓慢，因此必须大力发展工业化，建立独立完整的社会主义经济体系和工业体系。发展途径是：优先发展重工业，实行指令性计划经济体制，加强政府调控。工业化的资金来源是：内部资金积累。

在执行层面，1928年苏联开始实行第一个五年计划，第一个五年计划的方案要求国民经济建设将投资646亿卢布，工业投资为195亿卢布，其中重工业占3/4以上。……"二五"计划规定，国民经济建设将投资1330亿卢布，其中工业投资为695亿卢布，重工业为534亿卢布，比"一五"计划增长3.6倍。从中我们可以看出，苏联模式的特点：

经济体制：指令性计划体制；

经济模式：优先发展重工业；

政治体制：权力高度集中。

如何获取工业化所需的资金？斯大林在农村普遍设立集体农庄，苏联政府用超经济的手段将农民视为工业的"贡献者"。在集体化期间，通过行

---

① 张建华. 俄国史 [M]. 北京：人民出版社，2014.

政命令管理体制，把农民束缚在农庄里，使农民失去生产和分配的自主权，国家以极低的价格购买农民的农产品，以高价将工业品卖给农民。通过这种"剪刀差"的方式，从农民那里获得工业化的资金。这种强制手段，必然会损害农民的生产积极性。

我们如何看待苏联模式呢？教师展示表1-6-3（苏联工业化成就），并引导学生思考：表格反映了苏联经济建设取得了那些成果？

表1-6-3 苏联工业化成就

经济建设项目	1913年	1928年	1932年		1937年	
	世界	世界	世界	欧洲	世界	欧洲
工业总产值	5	5	3	2	2	1
机器制造业	4	4	2	1	2	1
电力	15	10	7	4	3	2
煤	6	6	4	3	4	3
钢	5	5	5	4	3	3

到1937年，苏联通过两个五年计划，基本实现了工业化目标，主要工业部门的产量跃居欧洲第一、世界第二。在这么短的时间内，苏联从经济文化落后的小农国家发展为世界工业强国，与资本主义经济危机形成了鲜明对照。苏联迅速实现了工业化，也为后来卫国战争的胜利创造了物质条件。

苏联模式有没有局限性呢？教师展示三则材料，引导学生分析苏联模式存在哪些问题？

材料十二 （苏联）农业、轻工业的发展速度和重工业相比较，差距悬殊。从工业化开始的1926年到战前的1940年，重工业年平均增长速度为21.9%，轻工业只有14.1%，农业则为1.5%……而皮鞋产量仅163.6（百万）双，全国一亿七千万人口平均每人不到一双皮鞋。

——《苏联国民经济》

材料十三 在列宁格勒生产一粒纽扣售价1卢布，那么700公里外莫斯科的价格也是1卢布，而万里之外的海参崴仍然是1卢布。

——［美］斯塔夫里阿诺斯著，吴象婴等译《全球通史》（下）

材料十四　1936年苏联政府从一个地区收购稞麦，每千克付给农民13卢布，而政府出售给面粉厂时，则作价93卢布。

——徐天新《平等、强国的理想与苏联的实践》

学生分析，教师总结讲解：

材料十二，反映苏联模式采用政府调拨的方式，忽视经济规律，导致农、轻、重比例严重失调，不关注人民生活，导致消费水平较低，降低了人民的生产积极性。

材料十三，反映苏联模式实行指令性计划，忽视了市场经济的作用，打击了企业的生产积极性，不利于经济健康发展。

材料十四，反映苏联政府从农民那里获取了巨大收益，为工业化提供了资金，但此举损害了农民的利益，打击了农民的生产积极性，导致苏联农业发展长期滞后。

因此，我们对苏联模式应该采取辩证分析的态度，既要看到它在推动工业化方面的积极意义，也要看到这种模式打击了农民的积极性，损害了普通民众的利益，导致农、轻、重比例严重失调，这种经济发展模式并不能保证社会经济的健康稳定发展。

［设计意图］通过提供全面的史料，引导学生从不同角度辩证分析历史现象，培养学生的历史思维。

■ 课后小结

本课主要讲述了社会主义政权的建立和建设。在列宁主义和布尔什维克党的领导下，俄国通过十月革命，成功建立了第一个社会主义政权，改变了世界政治格局。但围绕着如何建设社会主义，列宁和斯大林都进行了长期探索，形成了不同的建设道路。我们只有将十月革命和苏联的社会主义建设置于时代大背景下，才能理解十月革命的伟大意义。只有把历史细节讲清楚，才能把历史发展过程中的偶然性和必然性讲清楚，让学生更加深入地理解历史，形成正确的史观。

第二章
讲出有深度的历史

生态智慧教育,是勤于思考、启迪智慧的教育。教育的目的,不仅在于传授知识,更在于培养学生的思考能力和终身学习能力,进而养成健康的价值观,懂得与人智慧相处。中学课堂,尤其是中学历史课堂,是落实生态智慧教育、培养学生思维品质的主要阵地。笔者认为,教师在授课过程中,应该以教材和课标为基础,不必面面俱到,而是精心选择历史事件,深入挖掘历史本质,注重培养学生分析历史问题的能力,努力提高学生的学习智慧。

第一节　新课改背景下教研方式的变革与应对

随着《普通高中课程方案和语文等学科课程标准（2017年版）》的出台，新课改终于落地，核心素养也从此进入中学课堂，成为中学教学的核心指导思想。应该说，新的课程改革方案充分体现了党的十九大报告提出的"全面贯彻党的教育方针，落实立德树人根本任务，发展素质教育，推进教育公平，培养德智体美全面发展的社会主义建设者和接班人"，对新时代的人才培养具有举足轻重的作用。

从较早的"双基"——基础知识、基本技能，到后来的"三维目标"：知识与技能、过程与方法、情感态度与价值观，再到如今的核心素养和新课标，中学教学始终立足于提高国民素质和学生个性发展，不断迎合时代的需要，不断改革创新发展。

教学理念的不断更新，对教师的要求也越来越高，越来越趋向多样性。为了应对核心素养和新课改对教师的新要求，中学教研也需要随之进行调整。笔者认为，新课改之下的中学教研应该关注以下几个方面。

一、以核心素养为指导思想

学生发展核心素养，主要指能够适应终身发展和社会发展需要的必备品格和关键能力。研究学生发展核心素养是落实立德树人根本任务的一项重要举措，也是适应世界教育改革发展趋势、提升我国教育国际竞争力的迫切需要。核心素养也是党的教育方针的具体化、细化，对指导中学教学意义重大。在核心素养的总体概念基础上，各学科基于本学科的特色，提出了本学科的核心素养，并对本学科的核心概念、基本知识和能力素养进行了重新整合，重组教学内容，明确课程要求，指导教学评价。

从总体架构看，核心素养包括了三大组成部分，分别为文化基础、自主发展和社会参与。文化基础着重强调学生要学习人文和科学等领域的知识和技能，全面掌握和综合运用人类文明成果，培养内在精神，具备扎实的文化功底。文化基础又可以分为两个部分：人文底蕴和科学精神。人文底蕴是学生在学习、理解和运用人文领域知识和技能方面形成的基本能力、情感态度和价值观，着重培养学生的人文积淀、人文情怀和审美情趣；科学精神侧重于学生在学习科学知识过程中养成的理性思维、质疑精神和探究能力。

自主发展主要是强调学生的自主性，重视培养学生有效管理学习生活，挖掘自身潜力，提高生活品质。自主发展可以分为两个部分：学会学习和健康生活。学会学习不能局限于掌握知识，还应该培养学习兴趣，掌握学习方法，举一反三，学会自我评估和提高；健康生活主要是指学生要理性认识自我，培养身心健康，学会规划人生、健全人格、自我管理。

社会参与着眼于养成现代公民的社会意识，学会处理好个人与社会的关系，增强社会责任感，实现自身价值。社会参与包括两个部分：责任担当和实践创新。责任担当是要培养学生的责任意识、国家认同，成为有理想、有担当的现代公民；实践创新是要培养学生在日常活动和适应挑战方面形成的动手能力和创新意识，提高学生创新性解决问题的能力。

核心素养以培养面向未来的全面发展的人才为核心，着重提高学生的创新能力、实践能力和人文素养，培养社会责任感、担当意识和自主能力。核心素养与学科知识结合，就形成了各具特色的学科核心素养。学科核心素养，是本学科需要培养的核心能力，也是学科教学的指向标，需要认真研究落实。

二、选课走班下的教研方式

在新课改的大背景下，选课走班已经在中学开始落地实行了。这是高中新课程改革的一大亮点。根据多元智能理论，人类的智能和创造力是多元的，智力具有广泛性和多样性，应该重视和培养学生各方面的能力，找到并培养学生的优势科目和擅长领域，而不能苛求学生学好所有的科目。选课走班制顺应了学生的多元性，发展了学生的独特潜能，满足了学生的不同发展需求，适应了社会对多样化人才的需求，但选课走班也给中学教学带来了新的挑战，对中学教研和中学教师提出了更高的要求。

在选课走班过程中，学生个体之间存在差异，水平层次不同，对知识和能力的需求就会不同。选课走班会设置层次不同的班级，将学生根据综合素质和能力分入不同的班级，实行流动式分层教学。这就需要教师根据学生的差异，提供不同层次的知识和能力，最大程度地满足学生多样化的学习需求，提高学生的学习兴趣，使不同特长的学生都能发挥自身的优势，获得满足感，激发他们不断探索进步的动力。

当然，选课走班对教师和教研提出了新的要求。教师无法像以往那样，按照统一的教材和教案进行授课，必须深入了解学情，把握学生的认知水平，因材施教；根据学生的层次和特长提供多层次、多样化的教学内容，也要及时更新课程意识和教学观念，吸收最新的学术成果，进行多层次的教学设计；还要根据学生的特长，自主进行课程开发。在这种情况下，教师仅靠个人能力可能无法顺利完成教学任务，因此要更加重视集体备课，群策群力，还可以利用家长、本地和社会的各种教育资源，积极开发丰富多彩的选修课和校本课程。这样既可以为学生提供多样化的课程选择，培养学生的学习兴趣，还可以推动教师的可持续发展，加强家校合作，增进了解和互信。

此外，在选课走班过程中，学生流动上课，就会对教师的课堂管理提出新的挑战。各位任课教师应该充分合作，全面掌握学生的学习动态，及时发现问题，并予以解决，更好地保障教学无缝衔接，保证教学效果。

三、跨学科教研

新一轮的课程改革，无论从课程理念、课程内容，还是教学设计等方面，都具有明显的跨学科特色。这种课程设计，与社会发展息息相关。当今社会正在经历巨大变革，新技术、新知识层出不穷，知识更新速度成倍提升，学科专业也在相应发生复杂的变化：一方面学科专业分化越来越精细，新的学科分支不断涌现；另一方面，学科之间的关联性越来越密切，知识的综合性越来越深入，跨专业的现象越来越突出，呈现出明显的多学科综合性。

社会的需求提升，也在深刻影响着中学教学，对中学教育提出了更高的要求。当今的学科，已经不再是单一学科的知识，而是多学科的综合。

这不仅要求教师具备全面深厚的本专业知识，还要具备更加宽广的学术视野，培养跨学科的素养和能力。例如，历史学科需要具备地理学科的空间意识、语文学科的理解表述能力、政治学科的唯物史观和哲学视野、数学学科的逻辑思维；语文学科也需要了解时代背景、地理方位，才能更加深刻地理解文章内容；等等。这都对教师的学术视野提出了更高的要求。

要实现跨学科教研，首先，教师应该具备跨学科的意识，主动关注各学科的发展现状，了解各学科的核心概念和基本能力要求。当然，这并不是要求教师掌握各学科的专业知识，而是具有突破性思维，不能只盯着自己的专业发展。

其次，教师应该尝试跨专业阅读。跨专业阅读可以从不同的学科角度加深教师对同一个问题的认知，使其更全面地掌握信息，并展示给学生，帮助学生开阔视野。例如，历史教师可以阅读哲学、文学、政治、地理和科学类的图书，这样可以培养教师的思维广度；语文老师可以阅读政治、哲学、历史类的图书，这样可以提高教师的思维品质；理科老师也应该阅读文学、历史、哲学和政治类的图书，这样可以培养教师的思维深度。

再次，不同学科的教师可以尝试定期集中研讨，进行读书交流。例如，各学科的教师可以从不同角度对同一本书进行专业解读，相互启迪、相互影响，能够开阔眼界、拓宽视野。

最后，应该充分利用好公开课的平台。每年各学科都会举办形式多样的校内和校外公开课，教师们精心设计准备，呈现出本学科的核心素养。这些公开课异彩纷呈，值得各学科的老师们都去聆听学习，开阔眼界，相互借鉴。

四、工作坊式教研

工作坊式教研最近非常流行，这种方式最早出现在教育与心理学研究领域中。工作坊教研的核心是参与式，通过提供平台，可以让不同立场和观点的人们共同探讨和相互交流，让参与者相互对话沟通、共同思考。这种方式由以往的单向传输，变成双向互动，调动了参与者的积极性，同时伴随着多样化的游戏方式，让讨论过程更加自然和放松，有利于活动的深入开展。

工作坊的角色有三种：参与者、专业者和促成者。参与者是指参与工作坊活动的教师；专业者是指具有专业技能、能够适时引导讨论的专业人士；促成者是指协助工作坊进行的人。在进行工作坊式教研时，应该围绕教学目标提前设计讨论主题，在专业者的引导下，分组开展讨论，组员相互交流意见，充分分享成果和心得，共同凝聚智慧。通过讨论，也可以拉近参与者之间的距离，培养团队合作意识。在充分讨论之后，由各小组汇报讨论成果，与其他小组进行交流，共享智慧结晶。

工作坊式教研的优点是打破了传统的主讲人作报告、观众单方面聆听的被动做法，将观众引入教研过程，加强参与者之间的沟通，讨论并发现新的问题；不再是被灌输某种思想，而是既接受又质疑，既输入又输出。参与者得到的不仅是知识，还有思维和能力，相互启发，共同提高，同时培养了人际关系和团队协作意识。

五、专家参与教研备课

新课改对教育的专业性和科学性提出了更高的要求。对教学和教师的要求提高了，有些问题，教师可以通过自己钻研来解决，有些问题，教师自身无法解决。这种情况下，教师就需要借助专业人士的力量。邀请专家走进中学课堂、参与集体备课教研，就成为必然趋势了。同时，专家也需要走进课堂，通过中学课堂检验自身专业研究理论的科学性和适用性，提升自己的科研水平。专家参与中学教研，对中学教师和专家而言，是一种共赢，双方都可以进步。

对中学教研而言，有两类专家是应该请进校园的：一类是学科专家，他们可以提供专业信息，帮助教师把握学术前沿，对教师的专业能力进行指导，提升教师专业水准；另一类是教育专家，他们可以帮助教师提高教育技能，对教师的教学策略进行专业指导，提升教师教育水平。

教师长期从事中学教学工作，知识更新速度慢，对学科前沿不敏感，而科技发展日新月异，更新速度越来越快，如果不能及时更新学科知识，就很难适应中学教育的发展。因此，将学科专家请进校园，让他们参与教研备课，可以及时调整教师的教学理念，更新教师的知识体系，对中学教学会起到非常好的推动作用。当然，教学策略和信息技术对于落实教学设计、提高学生的学习兴趣和培养学生的学习能力，也会起到非常重要的作用。当今社会，教学策略和技术更新很快，通过邀请教育专家走进校园、参与教研，可以更新教师的教育理念，推广最新的教学策略，更有效地组织教学。

笔者所在的北京一零一中学，长期以来一直坚持请专家进校园，将最新的科研成果引入校园、服务教学。我校先后邀请了莫言、王蒙等知名学者讲文学；请李肇星、吴建民等知名专家讲外交，请厉以宁、姚景源等专家讲经济；请金一南教授主讲长征精神；请李莉、戴旭、罗援等主讲国际形势；请北京市和海淀区的命题专家讲中高考命题思路。这些讲座既开阔了教师和学生的视野，又提升了教师的专业水准和备考水平，取得了非常好的效果。

六、同课异构

同课异构是指同一节课的内容，由不同的老师根据自己的理解，独立进行教学设计，自己备课并上课。虽然基于相同的课程标准、教学内容和教学主旨，但是教师在参加同课异构时，可以从不同角度展示独特的教学设计，体现教师不同的教学风格和个人魅力，给听课老师更多的启发。"你有一个苹果，我有一个苹果，交换后每人还是一个苹果；你有一种思想，我有一种思想，交换后每人有两种思想。"同课异构为教师们提供了一个面对面交流思想的平台，大家运用自己的智慧，共同探讨，多角度分析，既可以实现百家争鸣，又可以推动教师们相互分享、相互启迪。

同课异构反映了教师在对教材重难点把握和教学内容设计上的"同中求异"，体现了不同教师对相同内容的不同处理，采用不同的教学策略，会产生不同的教学效果。通过同课异构，教师之间既可以相互启发、取长补短，还可以发现存在的问题，打开教学思路，提高教师的教学能力。同课异构对听课老师的冲击性也很强，通过倾听不同教师对相同内容的独特设计，推动教师们之间优势互补、取长补短，促进了教研风气的改善。

笔者也曾经参加过多次同课异构活动。每次参加这类活动，都要对讲课内容进行全面梳理，对学术前沿进行搜集整理，结合学生的认知能力，进行独特的教学设计。在上课过程中，还要随时根据学生的思考和质疑，及时反馈引导，加深学生对知识的理解，培养学科思维和方法。从教学设计，到教学资源的搜集，到教学开展，再到课后评课，每一步都要环环相扣、精心组织。同课异构对教师专业的提升效果是非常明显的。

随着新课改和核心素养逐步走进课堂，中学教育正在经历深刻变革。课程理念是全新的、课程方案是全新的、课程标准是全新的、课程内容是全新的，如果教师和教研还是遵循以往的旧经验、旧模式，根本无法适应新课改带来的新挑战。对于中学教师而言，只有主动深入理解核心素养的内涵，提升专业素养，培养跨学科视野，积极参与教研活动，才能适应新形势，迎接新挑战。

原文发表于《中国教师》2019 年第 1 期，收入时略有增减

第二节　提纲挈领　举重若轻
——读《中国哲学简史》有感

冯友兰（1895—1990年），著名哲学家。历任燕京大学教授、清华大学文学院院长兼哲学系主任、西南联大哲学系教授兼文学院院长、清华大学校务会议主席等。著有《中国哲学史新编》《中国哲学简史》《中国哲学史论文集》《四十年的回顾》《中国现代哲学史》等数十部作品，被誉为"现代新儒家"。

冯友兰先生于1947年在美国宾夕法尼亚大学受聘担任讲座教授，讲授中国哲学史，后将英文讲稿整理写成《中国哲学简史》，成为西方人了解和学习中国哲学的入门书。翻译《中国哲学简史》的译者有两人，分别是赵复三和涂又光，二者译本各有所长。

《中国哲学简史》是冯友兰先生哲学与思想融铸的结晶。该书以中国哲学发展的脉络为主线，佐之以对西方哲学诸多问题的深入思考，轻松驾驭着中国哲学史和世界哲学史，融汇中西，其中充满睿智与哲人洞见。该书不仅对哲学研究者具有重要的启发意义，而且对于中学教学而言，也提供了极其重要的启迪和帮助。

一、体例恢弘　简明扼要地阐释中国哲学发展演变

众所周知，中国古代哲学史是中国传统文化的重要组成部分。中国古代哲学自成一脉，无论是学术路径，还是哲学概念，以及对于世界万物的观念，都与西方思想迥然不同。

然而，中国哲学史也是异常庞杂的，其中，既有思辨体系相对完整的道家思想，又有注重政治和道德说教的儒家思想。各家学派中不同程度地渗透着哲学的光辉，都有各自对天地、自然和万物的认识。如何将这些庞杂的思想阐述清楚、将中国古代哲学发展史清晰地展现给读者，对于作者而言，是一项复杂艰巨的挑战，需要广阔的视野和深厚的学术功底，否则就会陷入繁复混乱的概念之中，甚至最终故弄玄虚、不知所云。从这个角

度看，冯友兰先生的《中国哲学简史》就有举重若轻之感。

从该书体例结构看，冯友兰先生并未急于谈论中国哲学思想的起源，而是在开篇两章，着重分析了中国哲学的精神和中国哲学的背景。在"中国哲学的精神"一章中，作者从"哲学在中国文明中的地位""中国哲学的问题和它的精神""中国哲学家表述思想的方式""语言的障碍"四个方面，对中国哲学进行了高屋建瓴的阐述，对中国哲学的总体特征，以及中国哲学与西方思想的异同进行了精当的分析。冯友兰先生指出："既然哲学以内圣外王之道为主题，研究哲学就不是仅仅为了寻求哲学的知识，还要培养这样的品德。哲学不仅是知识，更重要的，它是生命的体验。"既然中西方对于生命的体验不同，哲学发展自然就会不同。

在"中国哲学的背景"一章中，作者从地理环境、经济背景、对自然的理想化、家族制度、艺术与诗歌、方法论等角度，对中国哲学的形成因素进行了全面分析。通过阅读，我们可以体会到，任何一种文化，"总不免受到生活环境的制约，处于某种环境之中，他对生活就有某种感受"。中国哲学的发展演变，自然也离不开中国文化这个土壤。

类似这种先铺垫社会背景、再徐徐展开思想论述的方法，几乎在该书的每一章中都能见到。这种做法，让读者对于哲学思想的产生及发展有了更深刻的认识，对哲学思想的认识更加立体。

该书起自春秋战国的诸子百家，涵盖董仲舒的新儒学、魏晋玄学、佛教传入及中国化、程朱理学、陆王心学、西方哲学传入，下迄抗战时期的哲学，时间跨度大，思想流派众多。如何将哲学变迁阐释清楚？冯友兰先生择取了主要思想家作为讨论对象，分析了他们的核心思想，使我们对中国哲学有了提纲挈领的认识。

二、结合生活　选取典型事例活化哲学概念

哲学本就是思辨性极强的学科，体系庞杂，概念繁复，如何将哲学概念讲清楚，对作者而言是个很大的考验。冯友兰先生采取的做法是，多采用生活中的典型事例来讲解哲学概念，在哲学概念和现实生活之间搭建起一座桥梁，从而加深对哲学概念的理解，起到了非常好的效果。

以宋明理学为例,要想讲清楚理学,就要先讲清楚"天理"这个概念,以及"理"和"气"的关系。这就要回归到宋初思想家复兴儒学的努力。

儒家思想自从产生以来,曾经面临过三次危机:第一次危机是秦朝建立后,秦始皇推行"以法为教、以吏为师"的法治政策,焚书坑儒,儒学受到冲击。汉武帝时期,董仲舒融合道家和阴阳家思想,改造了儒学,通过"罢黜百家,独尊儒术",使儒学逐渐成为社会的正统思想,实现了儒学的复兴。第二次危机是在魏晋至隋唐。魏晋时期,社会动荡,秩序崩溃,加之北方少数民族南下,人民流离失所,儒学宣扬的"仁"和"礼"的观念受到质疑。马克思说宗教是人的精神鸦片,在动荡局势中,佛教和道教大行其道,出现了与儒学"三教并行"的局面。宋代理学家吸收佛、道义理,对儒学进行了改造,形成了新的儒学体系——宋明理学,儒学实现复兴。第三次危机是在近代,随着西方思想观念的涌入,儒家思想再次受到冲击。

宋明理学的兴起,就是儒学在面临第二次危机时做出的反应。儒学究竟存在哪些问题,使其遭到佛、道的冲击?简单来说,就是儒学自身的理论体系存在缺陷,思辨性不足。一套完整的哲学理论体系应该包含三方面的内容:本体论、认识论和伦理学。本体论就是对万物本源的认知;认识论是认识本源的途径;伦理学是以本体论解释社会生活。一套理论是否具有生命力,关键在于它是否能解释现实问题。

以道家为例,老子认为万物的本源是"道",这是本体论。为了求得"道",道家认为应该顺应自然,清静无为,知足寡欲。为了解决现实问题,道家认为统治者应该无为而治。从本体论到认识论,再到伦理学,道家具备了相对完善的哲学思辨体系。佛教主张明心见性,宣扬四大皆空,高倡宇宙论、世界观和认识论,尤其以精巧细密的哲学思辨见长。

反观儒学,大都是"仁者爱人""克己复礼""中庸之道"等道德伦理说教,缺乏哲学思辨体系,这是儒学的瓶颈。因此,陈寅恪曾认为,"在政治体制、生活行为以及日常观念等许多基本方面,即使释、道两教极盛,也未能取代儒家的主导地位和支配作用,但在意识形态特别是哲学理论上,释、道(特别是释)却风靡数百年。儒家传统中没有像佛学那么细密严谨的思辨理论体系。自南朝到韩愈,儒学反佛多从社会效用、现实利害立论,进行外在的批判"。思想体系缺乏思辨性，制约了儒学的发展，也是宋代儒学家亟待解决的问题。

宋代的学者想要复兴儒学，必须先从完善儒学思辨体系入手。要完善理论体系，首先应该解决关键问题：万物的本源是什么。在这个问题上首先进行有益探索的，是北宋五子之一的张载。

张载，字子厚，陕西眉县人。张载指出："凡可状皆有也，凡有皆象也，凡象皆气也。"即事物是客观存在的，是由"气"组成的。他提出了一个重要的哲学概念"气"，认为万物都是由"气"组成的。"气"是如何产生万物的呢？张载认为："其聚其散，变化之客形尔。"也就是说，"气"汇聚在一起，万物就产生，"气"一旦消散，万物就消亡。举个事例来说，张载认为花和叶都是由"气"组成的，"气"聚的时候，花和叶就形成了；"气"散的时候，花和叶就消失了。张载关于"气"的理论完善了儒学的本体论，"解说了宇宙万物的自然形成、万千变化、动静聚散、生死存亡……闪烁着生机勃勃的力量和颇为博大的气魄"。

张载用"气"的聚散解释万物，这个理论也存在缺陷，那就是万物既然都是由"气"组成，为什么有的"气"组成了花，有的"气"形成了叶呢？针对这个问题，程颢、程颐和朱熹在"气"的基础上，提出了"理"的概念。

程颢、程颐和朱熹认为，万物不仅是"气"聚合产生的，还有独特的"理"。举例而言：花之所以成为花，是由于组成花的"气"在花的"理"的支配下聚合成花；叶之所以成为叶，是由于组成叶的"气"在叶的"理"的支配下聚合成叶。这样一来，同样是由"气"组成，但由于蕴含的"理"不同，就有了万物之别。而且，通过列举花和叶的例子，学生更清晰地认识到，在"气"和"理"之间，"理"是更重要的。正如朱熹所说："天地之间，有理有气。理也者，形而上之道也，生物之本也；气也者，形而下之器也，生物之具也。是以人物之生，必禀此理，然后有性，必禀此气，然后有形。"如此分析，对"理是宇宙万物的本原"的理解就能更加深刻。

"花"和"叶"的实例，基本阐明了"理是万物的本原"，我们还可以举例深入理解"理"的含义。在人类发明船只之前，浮力的原理就已经存在。所谓发明船只，是人们发现了浮力的原理，按照这个原理制造了船只。

如果有一天船只消失，浮力的原理依然会存在。换句话说，无论人们是否发明船只，浮力的原理是永恒存在的。所以，"理"是永恒不灭的。

我们再举例子论证"理"和"气"的关系。以建造房屋为例，我们既需要建筑材料，又必须熟悉建筑学的相关原理。按照建筑原理进行设计、施工，建造的房屋才能持久牢固。在这里，建筑材料就是"气"，建筑原理就是"理"。不仅是建筑师，任何人要想建造牢固持久的房屋，都必须遵守这些原理。即便没有出现房屋，这些建筑原理也是永恒存在的。通过这个事例，"理"和"气"的关系也就理顺了。

"理"的概念的提出，完善了理学思想，新儒学很快成为主流思想。李泽厚评论道："（宋明理学）以释道的宇宙论、认识论的理论成果为领域和材料，再建孔孟传统……宋明理学细密地分析、实践地讲求'立志''修身'，以求最终达到'内圣外王''治国平天下'，把道德自律、意志结构，把人的社会责任感、历史使命感和人优于自然等方面，提扬到本体论的高度，空前地树立了人的伦理学主体性的庄严伟大。"

当然，《中国哲学简史》的启迪意义不止于此，还需要进一步深入发掘。

在当前的教育体制下，教师的视野决定着学生视野的高低，教师的思路决定了学生思路的广狭。在教学过程中，历史教师应该尽可能广泛阅读《中国哲学简史》一类的典型学术著作，扩展自己的学术视野，夯实自己的专业基础，这样才能把史实的来龙去脉讲清楚。学生只有很好地理解了历史过程，才能培养对历史的感知和历史思维，这对教师的专业素养提出了更高的要求。

第三节　是谁做出了中国拒签《凡尔赛和约》的决定
——以近代著名外交家顾维钧为视角

1919年1月，法国巴黎的大街小巷洋溢着轻松欢快的气氛。来自世界各国的代表齐聚巴黎，讨论战后世界和平问题。作为第一次世界大战的战胜国，中国派出五名代表参加巴黎和会，顾维钧被委任为代表之一。当时他正担任中国驻美大使，接到命令后，马上赶赴巴黎，与代表团其他人员会合。在顾维钧的外交生涯中，巴黎和会是一起非常重要的外交事件。让我们跟随顾维钧走进巴黎和会的台前幕后。

一、出师不利

此时的顾维钧意气风发、雄心勃勃，决心在巴黎的世界外交舞台上施展自己的外交才华，为中国争取权益。但是，会议还没正式召开，就传出了一个令人沮丧的消息。英国、法国、美国、日本、意大利五国把持了和会，规定协约国及参战各国在巴黎和会上将分为三类：1. 五个主要协约国，每国拥有五个席位；2. 战争中提供过某些有效援助的国家，每国拥有三个席位；3. 协约国阵营中的其他成员，每国拥有两个席位。中国被列为第三类国家，只能拥有两个席位，这无疑给了兴奋中的中国人当头一棒，也让顾维钧的心头笼罩了一层阴云。

协约国的这一决定不仅令作为战胜国的中国人大失所望，而且让中国政府任命全权代表产生了困难。当时中国尚未实现统一，南北方正处于对峙状态。在任命和会代表时，北京政府就要斟酌考虑南方和北方的利益。南方军政府一直希望能派代表参加和会，获得正式代表权。经过反复权衡，中国政府组成了五人全权代表团，包括陆征祥、顾维钧、魏宸组、施肇基和王正廷，前四位都是北京政府派出的代表，王正廷是南方军政府代表。陆征祥时任中华民国外交总长，担任代表团长，但他身体状况不佳。按照和会规定，在举行正式会议期间，中国每次只能派两名代表参加，所以在排名问题上，代表团内部产生了分歧。中华民国大总统徐世昌训令中国代表的排列顺序是：陆征祥总长、顾维钧、王正廷、施肇基和魏宸组。从排名顺序可以看出，徐世昌想要优先保障北方的利益，防止南方军政府左右代表团，"鉴于国内政治情势，如陆本人因健康关系不能经常参加会议，自然不便让南方的代表王正廷来代表中国政府"①。此举引发了施肇基、王正廷等人的不满，施肇基听闻后"面色铁青，愠然不语"。此后代表团内部摩擦不断，施肇基和王正廷多次攻击顾维钧。对此，顾维钧回忆道："他们的批评显然并不准确，因为批评得不对题，看来主要是有意使陆总长和我难堪。"②

中国此次派代表参加巴黎和会，主要目的是收回"一战"期间日本人强占的德国在山东的权益。清末，山东半岛是德国的势力范围。1914年日本加入协约国，对德国宣战，8月23日，日军攻击驻守山东的德国守军。德军无力抵抗，11月初全部投降。日军攻占青岛，占领胶济铁路，控制了山东省。

1919年1月28日，中国和日本代表应邀参加专门为解决山东问题召开的"十人会"，这是中国和日本两国首次在巴黎和会上正式交锋。日本代表牧野男爵在发言中阐述了日本政府关于山东问题的观点，陈述了日本在"一战"期间为协约国所做的贡献，并要求尊重之前中日双方达成的密约，要求山东问题以中日双方的密约和协议为基础，将日本在山东的权益合法化。很显然，这些密约和协议都是有利于日本的。日本威胁英国、法国，称除非自己的利益得到保障，否则将拒绝签署凡尔赛和约，也不参加国际联盟。

顾维钧随后做了发言，指出德国武力强迫中国租借山东半岛，这是不公平的，也是众所周知的。而且山东是中国北部门户，国防地位重要，同时从文化上说，山东是孔孟之乡，是中国文化的发源地，决不能割让给日本。既然当时德国"租借"胶州，现在德国战败，那就应该直接交还给中国。顾维钧希望和会能考虑中国的要求，尊重中国的政治独立，展示和平诚意。顾维钧发言有理有据，掷地有声，在与日本第一回合的较量中暂时

---

①② 顾维钧. 顾维钧回忆录：第一分册［M］. 北京：中华书局，2013.

占据上风,"中国阵势为之一振"①。这场交锋,给中国代表团带来了一线曙光。

二、折冲樽俎

第一次交锋后,日本一改轻视中国代表团的态度,在外交活动中审慎多了。中日双方各自开展了一系列复杂的外交活动。中国代表团多次向大会递交说帖,反复宣讲山东问题的重要性,声明中国政府要求收回山东的合法主张。代表们还分头出击,顾维钧拜访了美国总统威尔逊,陆征祥拜访了意大利首相奥兰多,希望取得各国的支持。中国代表团的外交活动起到了部分效果,在4月16日举行的五国会议上,美国外长明确表态反对日本独占山东,提出了由巴黎和会暂时管理德国在山东的权益,以后再由巴黎和会转交中国政府。这个提议遭到了日本代表牧野男爵的强烈反对,英法等国也不明确表态。美国代表为了防止激怒日本,不得不搁置了这项提议。②

4月29日,英国、法国、美国三国召开会议,讨论山东问题。三国抛弃了国际公义,不顾及中国作为战胜国的地位和中国代表团的反复申诉,在中国代表缺席的情况下,擅自确定了《凡尔赛和约》中关于山东问题的条款。

第一百五十六条 德国将按照一八九八年三月六日与中国所订条约及关于山东省之其他文件,所获得之一切权利、所有权及特权,其中以关于胶州领土、铁路、矿产及海底电线为尤要,放弃以与日本。

第一百五十八条 德国应将关于胶州领土内之民政、军政、财政、司法或其他各项档案、登记册、地图、证券及各种文件,无论存放何处,自本约实行起三个月内移交日本。

——《凡尔赛和约》(摘录)(1919年4月30日)③

中国代表团闻讯后,震惊失望之余,一方面电告外交部,向国内汇报,

---

①②③ 王芸生. 六十年来中国与日本:第七卷[M]. 北京:生活·读书·新知三联书店,2005.

请求进一步指示；另一方面致函和会最高会议，提出正式抗议，并应邀与英国外相贝尔福谈话，约见法国外长毕勋，递交抗议书，反复声明中国代表团对于谈判结果非常失望，希望英国和法国能改变立场，支持中国的合理请求。英法两国都劝说中国接受和约内容，很显然，在列强眼里，中国始终就是任人宰割的猎物，这种地位并没有因为中国加入协约国阵营而有所改变，因为弱国从来就没有外交可言。

5月6日，和会召开协商国大会，宣读对德和约的草案。中国首席全权代表陆征祥在会上声明，对于和约内容，中国非常遗憾，"中国全权对于三国会议决定之山东问题之解决办法，不得不表示深切之失望。吾人深以为遗憾，此种失望，全中国人民亦所同感。窃思此种办法似未考虑法理及中国之安宁。中国全权坚持至今，其理由已向三国会议正式提出抗议，希其修正。倘不副吾人之切望，中国全权对于该项条款不得不声明有保留之义务，并请将本全权之上述声明记入议事录中"①。陆征祥对和约草案非常失望，坚持要求修改草案，坚决要求将中国代表的声明记录到议事录中，明确表明中国政府对和约的拒绝态度。

三、轩然大波

巴黎和会失败的消息传到国内，引起了全国民众的普遍抗议。中国人曾经对巴黎和会充满了无限期待，期待着和会能洗刷中国自鸦片战争以来的耻辱，但和约内容无异于给中国人泼了一盆冷水。鸦片战争以来，中国多次遭到西方侵略，被迫签订了上千份不平等条约，但这一次，中国是作为战胜国参加国际会议的，依然受到宰割，这不能不令人扼腕叹息。顾维钧在给好友的信中写道："中国以战胜国的身份参加和会，却要被瓜分领土，已经沦为战败国的德国地位。"

列强的欺凌极大地刺激了中国人，中国人对外人的欺凌和领土丧失，从未如此痛心；对日本的飞扬跋扈和狂妄野心，从未如此仇恨。巴黎和会激起了全体中国人的一致抗议，以北京学生为先锋，中国各个城市的市民、

---

① 王芸生. 六十年来中国与日本：第七卷 [M]. 北京：生活·读书·新知三联书店，2005.

工人、商人各阶层在反帝爱国上达成了高度一致，举国上下声讨卖国贼，反对签署和约，给北京政府和中国代表团施加了很大压力。中国留法学生和在法国的社团，也到中国代表团驻地请愿，反对中国签署《凡尔赛和约》。在全国人民的压力之下，曹汝霖辞去交通总长职务，陆宗舆辞去币制局总裁职务，章宗祥辞去驻日公使职务。大总统徐世昌批准了三人的辞职申请。曹汝霖、陆宗舆和章宗祥是迫于压力主动辞职，而不是被北京政府罢免，这一点与中学历史课本叙述并不一致。

中国代表团继续奔走，联络各国代表，希望能够修改和约。英国外相贝尔福和法国外长毕勋对于中国代表呈递的函件一贯地含糊其辞。贝尔福的态度是："取阅一过，先称为之述明缘由，彼稍支吾，旋又阅一过，又称大致确系如此，但照所记录之口气，似三国会议即向日本施行一切，殊于日本面子不宜。"①贝尔福以维护日本面子为理由，拒绝中国的请求，以拖延战术敷衍中国代表。

国内舆论一边倒地倾向于拒签和约，这是基于爱国之情，但是如果拒签和约，也会带来比较严重的后果。中国以弱国的地位参加巴黎和会，根本没有能力跟日、英、法抗衡，中国的命运实际上取决于英、法、日等国。如果中国签署和约，日本占领山东将得到国际社会的认可，很难再收回山东。如果中国拒签和约，在一定程度上就会被日、英、法排斥在国际社会之外，甚至直接影响中国加入国际联盟。这样不但公开与英法为敌，在国际社会上陷于孤立，也不能改变日本实际占领山东的现状。"盖签字，山东将无收回之日，若不签字，又恐开罪列强，且虑不能加入国际联盟，此后益无向国际说话之资格。"②况且《凡尔赛和约》中已经写明，只要三大国同意批准就能实行，中国政府签字与否，不会影响到合约的执行。撇开感性的爱国之情，国家利益和国际关系也是中国代表团不得不慎重考虑的问题。对于当时内外交困的中国而言，外交关系处理得是否恰当，会产生很重要的国际影响。

---

①② 王芸生. 六十年来中国与日本：第七卷 [M]. 北京：生活·读书·新知三联书店，2005.

四、北京政府的态度

尽管中国代表团奔走联络,尽管中国民众举国抗议,但英法等国已经决定将德国在山东的权益转交给日本了。接下来摆在中国代表团面前的只有两个选择:要么签字接受,要么拒签抗议。到底该何去何从,中国代表团内部也产生了分歧。王正廷反对签字,陆征祥多次致电北京政府外交部,请示是否签字。

整个形势异常错综复杂,想要在国内民众和国际列强之间做出恰当的选择,是一件很困难的事。北京政府国务院经过反复磋商,同时发出了两条指令。一面命令中国代表团"相机办理",一面通电各省,主张签字,并阐述了签字的理由:如果不签字,会影响中国的国际地位和加入国际联盟,也无法改变日本实际占领山东的现状。但是国务院对中国代表团的指示还是有很大的灵活性的,指示他们"相机办理",并没有明确指示他们是否签署和约。

在 6 月 28 日下午 3 时《凡尔赛和约》正式签字之前,为了挽回中国权益,中国代表团作了最后的努力。代表团再次致函和会最高会议,指出《凡尔赛和约》第一五六、一五七及一五八条将德国在山东省的权利转让给日本,损害了中国的领土主权,这是非常不公正的。中国代表团严正声明,《凡尔赛和约》并不会妨碍中国政府将来在适当的时机,重新提请讨论山东问题,改变这种不公正的结果。[①] 和会拒绝接受这封函件。针对这种局面,中国代表团最终做出决定:拒绝签字,并将决定通报给和会。做出这个决定很艰难,不过一旦做出,顾维钧反而很轻松,他在日记中写道:"我暗自想象着和会闭幕典礼的盛况,想象着当出席和会的代表们看到为中国全权代表留着的两把座椅上一直空荡无人时,将会怎样地惊异、激动。这对我、对代表团全体、对中国都是一个难忘的日子。中国的缺席必将使和会,使法国外交界、甚至使整个世界为之愕然,即便不是为之震动的话。"[②]

到底是北京政府还是中国代表团做出了拒绝签署《凡尔赛和约》的决定呢?依据双方的电报资料和顾维钧回忆录,是中国代表团最终做出了拒

---

① 王芸生. 六十年来中国与日本:第七卷[M]. 北京:生活·读书·新知三联书店,2005.
② 顾维钧. 顾维钧回忆录:第一分册[M]. 北京:中华书局,2013.

签和约的决定,而不是北京政府。北京政府在讨论的过程中,开始是同意签署的,并向全国通电说明同意签署的理由。后来,随着国内舆论压力越来越大,以及中国代表团反复申明其中利害,北京政府指示中国代表团"相机办理",对陆征祥的请示不置可否、敷衍塞责。一直到6月28日下午,签字仪式即将举行,中国代表团始终没有收到北京政府拒绝签署和约的指示。在陆征祥的反复催问下,北京政府电令由他"自行决定"。在6月28日下午签字仪式结束后,代表团终于收到了北京政府拒签和约的指令。考虑到北京政府在签约问题上顾虑重重,我们可以看到北京政府企图协调国内和国际关系,希望在处理和约的事情上不落下被国内指摘的恶名,又不想得罪列强。

其实,早在和约签字前,中国代表团就做出了拒绝签署和约的决定,"不允保留就不签字,无疑是代表团一致的意见"。① 顾维钧指出:"中国代表团最后的一致意见和决定是自己做出的,并非北京训令的结果。"②

五、高潮过后

中国代表团做出拒绝签署《凡尔赛和约》的决定,对当时中国的国内外局势都产生了深远影响。大致来说,可以从以下几个方面探讨。

中国代表团拒签和约,这是近八十年来中国屈辱外交史上的第一次,极大增强了中国人的民族自尊心。自从鸦片战争以来,中国屡次遭到侵略,丧失了大量权益。1895年李鸿章跟伊藤博文商讨《马关条约》时,伊藤博文曾经傲慢地宣称:"中堂见我此次节略但有允、不允两句话而已。"日本政府的这种傲慢态度,是列强仗势凌人的真实写照。对于列强强加给中国的不平等条约,清政府基本照单全收。但是这一次,中国代表团拒绝西方列强强加给中国的不平等条约,以拒绝参加签字仪式的方式,宣告中国代表团反对侵略的明确态度。这是中国外交史上破天荒的大事,也是中国人民族意识觉醒的标志。时任美国驻华公使的芮恩施曾经这样评价道:"从巴黎和会的决议的祸害中,产生了一种令人鼓舞的中国人民的民族觉醒,使

---

①② 顾维钧. 顾维钧回忆录:第一分册[M]. 北京:中华书局,2013.

他们为了共同的思想和共同的行动而紧密地结合在一起。"①

中国代表团拒绝签署《凡尔赛和约》，为日后解决山东问题提供了契机。中国代表团违背了西方和日本的意志，拒绝签署和约，此举引起了西方列强的不满和日本的敌视，但从长远看，也起到了维护中国权益的作用。日本企图通过联合英法，逼迫中国接受和约，合法地占据山东。但中国代表团拒绝签署和约，阻止了日本妄图通过和会将侵略权益合法化的图谋，将日本置于尴尬境地。正如顾维钧所分析的："中国此举使日本处于微妙境地，没有中国的签字同意，它在对德和约中获享的权利就不能合法继承，虽事实上日本由于它对德武装干涉，已经通过军事占领行使了它在山东的特权。日本当然急于在巴黎得到各国对其特权的承认，但不仅如此，它还亟盼中国接受和约，以便取得中国对其享有的特权的同意。"②

中国代表团拒签和约，也为后来顺利解决山东问题创造了条件。中国从未公开放弃对山东的权利主张，并不断在各种公开场合反复声明。中国政府的努力最终产生了效果，两年后的华盛顿会议上，在中国代表团的强烈要求和英美等国斡旋下，中日两国签订了《解决山东悬案条约》，规定："第一条　日本应将胶州德国旧租借地交还中国；第九条　日本军队，包括宪兵在内，现驻沿青岛、济南铁路及其支线者，应于中国派有警队或军队接防铁路时，立即撤退。"③该条约正式恢复了中国对山东的主权，收回了胶州湾租借地。从后来的历史发展进程看，在巴黎和会上拒签和约，是中国代表团在当时的形势下做出的最有利于中国的选择。

事后证明，中国代表团拒绝签署《凡尔赛和约》的后果，也没有像人们想象的那么严重。中国代表团为了捍卫中国权益，在巴黎多方奔走，联络各界，竭忠尽智。在他们的努力斡旋下，中国虽然因为山东问题没有参加《凡尔赛和约》的签字仪式，但还是取得了很多外交成果。中国代表团反复声明，并非否定《凡尔赛和约》的全部内容，而是承认《凡尔赛和约》中除第一五六、一五七、一五八三条之外的其他和约，并与奥匈帝国签署

---

① （美）芮恩施. 一个美国外交官使华记［M］. 北京：商务印书馆，1982.
② 顾维钧. 顾维钧回忆录：第一分册［M］. 北京：中华书局，2013.
③ 王铁崖. 中外旧约章汇编：第三册［M］. 北京：生活·读书·新知三联书店，1962.

了和约。1920年6月29日,在国际联盟成立之后的第二年,中国正式加入国际联盟,王正廷、顾维钧等担任委员。中国并没有因为拒绝签署《凡尔赛和约》而被排除在国际社会之外。

六、余论

在中国代表团做出拒绝签署和约决定的过程中,美国政府的态度起了一定作用。在巴黎和会的过程中,美国总统威尔逊支持中国的主张。1919年5月20日,陆征祥和顾维钧拜访了美国国务卿蓝辛,双方讨论了中国是否该签署和约。蓝辛的态度比较明确:"因不能保留而不签字,则咎不在中国。"同时他也表示,如果将来山东问题提交给即将成立的国际联盟,美国政府将支持中国的主张①。中国代表团最后做出了拒签和约的决定,各国舆论都报以同情的态度,其中,以美国的态度最为强烈。美国参议院还为此事展开辩论,有的激进议员甚至声称要与日本开战。陆征祥在7月18日致外交部电文中说:"近日美国上议院关于山东问题争辩甚力,前日开会,某议员至谓与日本宣战亦所不惜,断不能因日本以不入国际联合会,一再要挟,遂将中国数百万友邦人民,让于日本。"②威尔逊总统不得不从巴黎赶回华盛顿解释原因。参议员罗基随后提出保留案,要求美国"对于德约一五六、一五七、一五八三条,不与同意,且保留美国对于中国与日本因此项条件所起争端之完全自由行动权"③。该保留案最终于8月17日在参议院获得通过。当然,美国不会为了中国的利益与日本宣战,参议院态度激烈的原因有两个:一是日本在远东势力膨胀,妨害了美国利益,美国要对日本进行限制;二是美国威尔逊总统提出的"十四点原则"被和会抛弃,失去了主导和会的权力,被排除在和会核心圈之外。不过,美国政府的态度,为后来解决山东问题也提供了相对较好的国际环境。

原文发表于《中国国家历史》,略有增减

---

①②③ 王芸生.六十年来中国与日本:第七卷[M].北京:生活·读书·新知三联书店,2005.

第四节　巧用事例化解教学难题
——以旧版人教版高中历史必修三"宋明理学"为例

在中学历史教材中，有一些课程内容具有较强的专业性，甚至有些内容晦涩难懂，不容易理解。教师讲不清楚，学生听不明白，给教学造成了比较大的负担。在讲授这些内容时，教师要广泛阅读专业著作，充分备课，把知识理解透彻清晰，才能给学生上课。

旧版人教版历史必修三第一单元第3课《宋明理学》是教学中比较难处理的一课，原因在于：第一，宋明理学是儒家思想高度哲学化的理论，北宋思想家借鉴佛道思想，使儒学具备了相对完善的思辨体系。在这套理论体系中，有很多非常复杂的核心概念，例如"天理""格物致知""心""良知"等。这些概念讲不清楚，学生对理学的理解就不清晰；第二，前几课中对宋明理学的知识铺垫不足，而教科书对宋明理学进行了高度概括，缺乏适当的知识外延，导致师生难以把握宋明理学的嬗变过程。其实知识源于生活，又高于生活，在现实生活中，我们可以尝试寻找事例活化知识。

一、关于"天理"的理解

宋代的学者想要复兴儒学，必须先从完善儒学思辨体系入手。要完善理论体系，首先应该解决关键问题：万物的本源是什么。在这个问题上首先进行有益探索的是北宋五子之一的张载。

张载，字子厚，陕西凤翔眉县人。张载指出："凡可状皆有也，凡有皆象也，凡象皆气也。"在这里，他提出了一个重要的哲学概念"气"，认为"气"组成了万物。我们可以认为，"气"是组成万物的最小的微粒，类似"原子"。

那么，"气"是如何形成世间万事万物的呢？张载认为："其聚其散，变化之客形尔"[①]。也就是说，"气"汇聚在一起，万物就产生，"气"一旦

[①] 汤勤福．张子正蒙·导读［M］．上海：上海古籍出版社，2000．

消散，万物就消亡。举个事例来说，张载认为植物和动物都是由"气"组成的，"气"聚合的时候，植物和动物就产生了；"气"消散的时候，植物和动物就消失了。张载关于"气"的论述开始初步完善了儒学的本体论，"解说了宇宙万物的自然形成、万千变化、动静聚散、生死存亡……闪烁着生机勃勃的力量和颇为博大的气魄"①。

张载的理论也存在不完善之处，比如，既然植物和动物都是由"气"组成，为什么有的"气"组成了植物，有的"气"形成了动物呢？在这个"气"之外，还有没有其他因素对植物和动物的差异具有决定性影响呢？为了进一步解释这个问题，二程和朱熹在"气"的基础上，又提出了"天理"的概念。

材料一　天理云者，这一个道理，更有甚穷已。不为尧存，不为桀亡。人得之者，故大行不加，穷居不损。

——《二程遗书》卷二上

材料二　宇宙之间一理而已，天得之而为天，地得之而为地，而凡生于天地之间者又各得之以为性。

——朱熹《晦庵先生朱文公文集·读大纪》

二程和朱熹认为，万物不仅是"气"聚合产生，还因为有内在的"天理"。"天理"是永恒的、绝对的，在自然界表现为规律，在人类社会中表现为规则。

举例而言：植物和动物虽然都是由"气"组成的，但植物之所以成为植物，是由于组成植物的"气"在植物的"理"的支配下聚合成植物；动物之所以成为动物，是由于组成动物的"气"在动物的"理"的支配下聚合成动物。这样一来，同样是由"气"组成，但由于其中蕴含的"天理"不同，就有了万物之别。而且，通过列举植物和动物的例子，学生可以更清晰地认识到，在"气"和"理"之间，"理"是更重要的，是形而上的。正如朱熹所说："天地之间，有理有气。理也者，形而上之道也，生物之本也；气也者，形而下之器也，生物之具也。是以人物之生，必禀此理，然

---

① 李泽厚，中国古代思想史论 [M]. 北京：人民出版社，1985.

后有性，必禀此气，然后有形。"① 如此分析，对"理是宇宙万物的本原"的理解能更加深刻。"理"和"气"对于构成万物都很重要，他们结合在一起，共同构成了万物，但二者之间在重要性上存在差别，"理"是第一位的，"气"是第二位的。

我们再举例子论证"理"和"气"的关系。以建造房屋为例，我们既需要建筑材料，还必须熟悉建筑学的相关原理。二者结合，才能建造出经久牢固的房屋。在这里，建筑材料就是"气"，建筑原理就是"理"。不仅建筑师，任何人要想建造牢固持久的房屋，都必须遵守这些原理。即便没有出现房屋，这些建筑原理也是永恒存在的。② 通过这个事例，我们可以更深刻地理解"理"和"气"的关系。

"理"的概念的提出，是理学家在吸收佛道义理的基础上，对儒学思想的完善和提升。"理"的概念的提出，意义非常重要，对此，李泽厚评论道："（宋明理学）以释道的宇宙论、认识论的理论成果为领域和材料，再建孔孟传统……宋明理学细密地分析、实践地讲求'立志''修身'，以求最终达到'内圣外王''治国平天下'，把道德自律、意志结构，把人的社会责任感、历史使命感和人优于自然等方面，提扬到本体论的高度，空前地树立了人的伦理学主体性的庄严伟大。"③。

二、格物致知

"格物致知"源自《礼记·大学》，所谓"格"，就是探究；"物"的种类很多，包括天理、人伦、圣言、世故。"格物致知"，就是"即物穷理"，研究万物、探究天理。

按照理学的观点，既然万事万物中都有"理"，那么，国家和政府作为具体存在的事物，也必然有"理"。主导人类社会运转的"理"到底是什么？葛兆光指出，中国古人对秩序的理性依据及价值本原的追问，常常追

---

① 朱熹撰，朱杰人，严佐之等. 朱子全书［M］. 上海：上海古籍出版社，2002.
② 冯友兰著. 中国哲学简史［M］. 赵复三译. 北京：世界图书出版公司，2011.
③ 李泽厚. 中国古代思想史论［M］. 上海：三联出版社，2023.

溯到历史,是非善恶自古以来就泾渭分明,道德的价值、意义与实用的价值、意义并行不悖地从古代传至当代,所以说"赋事行刑,必问于遗训,而咨于故实",这使人们形成了一种回溯历史、从传统中寻求现实意义的惯例。① 朱熹也明显受到这种思想的影响。他认为,治国之道就是先贤圣王的教导和为政之理。他在致友人陈亮的信中写道:"千五百年之间……尧、舜、三王、周公、孔子所传之道,未尝一日得行于天地之间也。若论道之常存,却又初非人所能预。只是此个,自是亘古亘今常在不灭之物。虽千五百年被人作坏,终殄灭它不得耳。"②

朱熹认为,古圣先贤的治国之道和圣人圣言主要蕴藏在代代相传的文化典籍中,所以探寻天理的最好办法是埋头于经典中,"或考之事为之著,或察之念虑之微,或求之文字之中,或索之讲论之际"③。经过日积月累的探究,达到一定境界后,就可以豁然贯通、顿悟天理。在这一点上,我们明显看到,朱熹"格物致知"的思想受到了佛教"顿悟"思想的影响。为了寻求古圣先贤的治国之道,朱熹毕生致力于整理阐释典籍文献,著述颇丰,留下了《周易本义》《资治通鉴纲目》《四书章句集注》等著作。我们一定要清楚,朱熹之所以重视"格物致知",目的是通过典籍文献叩问治国之理、明道德之善,而非探究科学之真。

三、"致良知"的现实意义

明朝中后期政局动荡,虽然明政府还维持着对天下的控制,但朝政紊乱,权宦干政,整个大明王朝乌烟瘴气。与此同时,理学早已成为官方政治意识形态,垄断了科举考试,"自今教人取士,一依程朱之言,不许妄为叛道不经之书,私自传刻,以误正学"④。理学已成为士大夫博取功名利禄的手段,失去了教化人心的功能。

在程朱理学笼罩社会文化的情势下,王阳明对程朱理学进行了修正。

---

① 葛兆光. 中国思想史:第一卷 [M]. 上海:复旦大学出版社,2013.
② 朱熹. 朱子全书 [M]. 上海:上海古籍出版社,2002.
③ 黎靖德. 朱子语类 [M]. 北京:中华书局,1986.
④ 《明世宗实录》卷19,7602-7603,台湾"中央研究院"历史语言研究所据1962年影印本《明实录》缩印本。

王阳明认为陆九渊的思想过于粗浅,"心"的概念太笼统,发展出"致良知"的学说。"良知"源自孟子的"四善端",是指人内心固有的道德,也是宇宙万物的根本准则在人心中的反映。人人内心都具备"良知","见父自然知孝,见兄自然知悌,见孺子入井自然知恻隐,此便是良知,不假外求"①。社会上之所以存在着违背良知、损人利己的现象,原因是人们的良知被物质欲望蒙蔽了。"致良知"就是把人的自私自利屏蔽掉,把内心的良知彰显出来,以良知规范人们的行为。"致良知"是王阳明一生学问的高度概括和提炼。

为了更好地理解"致良知",冯友兰先生举了一个例子:"还有另一个关于王守仁弟子的故事。这位弟子有一次半夜里捉到一个小偷,便对小偷讲说'良知'的道理。那小偷笑着问道:'请问,我的良知在哪里?'当时天气很热,王守仁的这个弟子请小偷脱掉外衣,随后又请他脱掉内衣,小偷都照办了。接下去请小偷脱掉裤子时,小偷犹豫说:'这恐怕不妥吧。'王守仁的弟子便对小偷说:'这便是你的良知!'"② 这个故事表明,每个人都有良知,良知是人的本性。人的本性都是善良的,但欲望过于强烈,会蒙蔽善良,导致人们为非作歹。只要人排除外界干扰,祛除私欲蒙蔽,就可以求得良知。就本性而言,人人都有善良的本性,所以王阳明说"满街都是圣人"。这种观点与佛教的"人人皆可成佛"如出一辙,让人明显感受到王阳明思想深受佛教影响,这与他早年研习佛道的经历有密切关联。

知识源于史实,史实源于生活。历史知识是由社会生活演绎提炼而来的。虽然时代不同,但是我们依然沿袭着很多古人的文化和习俗,很多理念依然是相通的,绵延不绝的文化传统拉近了现实和历史的关系。如果我们多发现现实生活中的实例,用这些实例来搭建历史与现实的桥梁,就可以帮助我们更好地解读历史、叩问历史。

原文发表于《中学历史教学》2017 年第 8 期,收入时略有增减

---

① 王阳明. 王阳明全集 [M]. 上海:上海古籍出版社,2004.
② 冯友兰. 中国哲学简史 [M]. 赵复三,译. 北京:世界图书出版公司,2011.

第五节 批注式阅读在高中历史教学中的有效运用

2017年，教育部制订颁布了《普通高中历史课程标准》，确定了历史学科的五个核心素养：唯物史观、时空观念、史料实证、历史解释和家国情怀。其中，史料实证是指"对获取的史料进行辨析，并运用可信的史料努力重现历史真实的态度与方法"。历史过程是不可逆的，只有通过现存的史料，才能重新认识历史，必须重视史料的搜集、整理和辨析，并在此过程中增强史料意识。对于中学生而言，要求他们去搜集和整理史料，已经超越了他们现阶段的能力，但是培养他们从史料中提取和整合信息的能力，并在此基础上提出自己的观点和看法，养成以实证精神看待历史与现实问题的思维方式，则是比较现实的教学目标。

一、批注式阅读的初衷

李晓明在《一套批注式阅读的如书》一文中指出："近现代以来，批注式阅读仍然是伟人和有思想的文人读书的重要方式之一。毛泽东就有不动笔墨不读书的习惯。《毛泽东点评二十四史》对中国历史的研究和独到见解为世人所叹服。鲁迅先生也提出读书要眼到、口到、心到、手到、脑到。国外的很多文学家和伟人也有批注式阅读的习惯。如列宁的《哲学笔记》就是由他读书时的批注和笔记汇编而成的马克思主义哲学的经典著作。"

自从新课改实行以来，中学历史教学对史料的阅读越来越重视，对学生史料实证素养的考察越来越关注。然而，学生阅读材料与提取信息的能力绝非一蹴而就，是要经过长期的训练和培养才能形成的。

在日常教学中，教师经常会给学生印发一些课本之外的阅读材料，来扩展学生视野，提升学生史料实证的能力。但这些材料大都基于教师个人的判断，来源庞杂，选择标准不统一。对于如何提高学生的阅读能力，如何培养学生正确的批注习惯，也没有形成统一的标准。在教学中，我们还经常看到，有的学生将历史的批注和语文的批注混淆了。其实二者之间并不相同，语文的批注，侧重对字词的理解和分析；历史的批注，侧重对材料信息的分析和整合，对字词的理解并不是重点。

笔者在高二年级选修历史学科的学生中推行了批注式阅读。在此过程中，既暴露出一些问题，也收获了一些经验。针对学生在批注式阅读中暴露出的问题，笔者尝试总结了一套批注式阅读的方法。

二、批注式阅读的三个层次

批，即点评、分析；注，即注释、注解。批注，是指阅读过程中，在文中空白处对文章进行点评和注解，作用是帮助自己掌握其中的内容。批注式阅读表面看就是对史料进行批注，但批注的内容各有不同，有的侧重摘录经典内容，有的侧重记录阅读者自身的感受，有的侧重解析文章内容的逻辑，有的侧重对文章观点的吸收与批判。

从总体上看，依据难易程度，历史学科的批注式阅读大致可以划分为三个层次。

1. 分析概括

史料实证的基本要求是学生要阅读材料，提取材料中的有效信息，进行归纳概括，并运用历史的学科语言进行表达阐述。这既是历史学科的基本素养，也是高考考查的主要能力和素养。

为了完成这一目标，学生要对史料进行逐句的详细阅读，找出每句中的关键词或关键信息，并进行标识。如果该句中没有关键词，那就概括提炼出该句的主要内容。在逐句概括信息的基础上，对每一段的信息进行梳理和归纳，最终进行合理阐述。这就是《普通高等学校招生全国统一考试说明》中，文科综合能力测试的考查目标和要求的第一种能力："获取和解读信息的能力。"

在阅读《史记·夏本纪》时，我给学生摘录了一段材料，并提出了一个要求：总结夏朝灭亡的原因。

帝桀之时，自孔甲以来而诸侯多畔夏，桀不务德而武伤百姓，百姓弗堪。乃召汤而囚之夏台，已而释之。汤修德，诸侯皆归汤，汤遂率兵以伐夏桀。桀走鸣条，遂放而死。桀谓人曰："吾悔不遂杀汤于夏台，使至此。"

汤乃践天子位,代夏朝天下。

——《史记·夏本纪》

这段话言简意赅,学生的批注却五花八门,有的关注到了夏桀的问题,有的关注到了商汤的做法。通过逐句阅读,我们可以看到材料对夏朝灭亡的原因主要是从两方面阐述的:夏桀的暴政和商汤的仁政。除此之外,诸侯的态度也是一个重要的原因。经过梳理,我们可以归纳出:

①从夏桀的角度来看:夏桀不能以德治民,损害百姓利益,引起了百姓的强烈不满;

②从商汤的角度来看:商汤以德治国,得到百姓拥护;

③从诸侯的角度来看:诸侯背叛夏桀,归顺商汤,商朝势力强大;

④从策略的角度来看:夏桀将商汤囚禁在夏台,后来又释放了他,而不是将他杀害,这对夏桀而言,是一次策略失误。

这四个方面,就是我们对夏朝灭亡原因的梳理和概括。当然,如果再深入分析,我们还可以进一步挖掘,例如:诸侯归顺与否,成为夏朝灭亡和商朝建立的重要原因,反映出夏朝和商朝时,四方诸侯是相对独立的,有很大的自主权,并没有受到夏朝和商朝的直接控制,这就是内外服制度。又比如,材料中反复提及,夏桀"不务德",导致百姓不堪忍受暴政,商汤则"修德",通过两人的对比,我们可以看到司马迁很重视统治者的"德",这反映了司马迁受到儒家"以德治民"思想的影响。

要对材料进行概括,就一定要对材料进行全面分析,并对材料信息进行整合,形成综合性的信息解读。同时,一定要运用历史学科的专业语言进行阐述,尽量不用太口语化的语言,这也是调动和运用知识的过程,体现了历史学科的素养。

2. 理清逻辑

如果只是对各部分内容的主要观点进行概括阐述,这样的阅读还是初级层次的。批注式阅读需要进一步理清材料各部分之间的内在逻辑,培养学生的逻辑思维。逻辑思维是人们在认识事物的过程中,借助概念、判断、推理等思维形式,能动地反映客观现实的理性认识过程。只有通过逻辑思维,人们对事物的认识才能达到对具体对象本质规律的把握,进而认识客观世界。它是人的认识的高级阶段，即理性认识阶段。

在历史阅读材料的选择中，我非常关注史料之间的关联性和逻辑性，要求学生也要从中提炼出这种逻辑性，并运用比较、分析、综合、概括等思维方法，理性认识历史事件和历史问题。

我节选了《史记·商君列传》的部分内容印发给学生阅读，文章第一段中叙述了商鞅在魏国的一段经历：他本来在魏国丞相公叔座门下做了个名为"中庶子"的侍从，公叔座临终前，魏惠王前来问候，公叔座向魏王推举了商鞅，但魏王不置可否。公叔座见状，屏退左右，建议魏王要么任命商鞅为丞相，要么杀掉他。魏王对此有何反应呢？在第一段最后，有这样的记述："惠王既去，而谓左右曰：'公叔病甚，悲乎，欲令寡人以国听公孙鞅也，岂不悖哉！'"这段话反映了魏惠王对公叔座的临终之言并未重视，对商鞅也没有重用，但仅仅如此吗？这句话还有别的作用吗？有的学生已经关注到这句话的意义不止于此。

通过《商君列传》的后续部分，我们可以分析出这句话的作用，大致可以总结为两个方面：一是与下文秦孝公重视贤才、招揽贤才形成鲜明的对照。在《商君列传》和《秦本纪》中，我们可以看到司马迁的一种观点：秦国历代国君非常重视招徕贤才，秦穆公重用百里奚和蹇叔、秦孝公信用商鞅、秦昭王重视范雎，秦国的强大离不开秦国国君对人才的重视。反观魏惠王，拒绝听从公叔座的建议重用商鞅，导致商鞅投秦，这与秦孝公形成鲜明对比，也为魏国的日渐衰落埋下了伏笔。二是为后文商鞅攻魏做好了铺垫。几年后，齐国大败魏国，俘虏太子，杀死大将庞涓，商鞅建议秦孝公趁机进攻魏国，迫使魏国割让河西之地，并迁都大梁。魏惠王叹息说："寡人恨不用公叔座之言也。"这句话的含义很丰富，既显示魏惠王后悔不听从公叔座的建议重用商鞅，又凸显秦国重用商鞅，富国强兵，而商鞅到底有没有借助秦国报了在魏国不受重用之仇，那就不得而知了。

通过分析文章前后的关联，既有利于培养学生的逻辑思维和分析能力，又有助于引导学生从整体上把握历史事件，更深入地思考事件之间的内在关联。

3. 反思质疑

批注式阅读不仅要引导学生阅读材料、概括信息、分析逻辑，更应该深入一层，关注"为什么会这样"，鼓励学生提出问题，培养质疑精神，并尝试分析问题，提出自己的认识。在批注式阅读中，学生要不满足于对材料的简单概括，而多问几个为什么。少进行价值判断，多进行理性分析，不盲从、不极端、不自负。

在阅读《商君列传》和《秦本纪》的过程中，学生自己根据材料内容提出了很多问题，我将这些问题进行了归纳。有的同学阅读了商鞅拜见秦孝公的部分，提出了质疑：秦孝公为何在商鞅推荐的道家、儒家和法家思想之中，最终选择用法家思想治国？有的学生根据《秦本纪》中"卒用鞅法，百姓苦之；居三年，百姓便之"，提出了这个问题：百姓为何对商鞅变法先"苦"后"便"？有的学生对比研究了商鞅变法和王安石变法，提出问题：为何商鞅变法成功了，而王安石变法失败了？有的同学研究了《商君列传》和《秦本纪》中对商鞅结局的记载，提出了问题：商鞅变法实现了秦国的富国强兵，为秦国立下了功劳，秦惠文王为何要将他车裂？

提出问题，只是完成了反思质疑的第一步，接下来，学生还应该根据材料信息和所学知识，自己尝试对这些质疑进行回答。他们的回答未必尽善尽美，但只要是自己思考得出的答案，只要言之成理，教师就应该给予鼓励和肯定。比如：商鞅变法为何能成功？有的学生总结了几点原因：①时代背景。当时周王室实力衰微，诸侯之间兼并战争频繁，为了赢得战争，就需要富国强兵。商鞅变法废除陈旧的世卿世禄制、井田制，推行军功爵制、县制和土地私有制，迎合了时代需要，实现了秦国的富国强兵。②秦国国内的原因。秦国立国较晚，国内贵族势力相对较弱，而旧贵族是反对变法的主要力量。这样就使商鞅变法的反对力量相对较弱，有利于推动新法的实施。③秦孝公的大力支持。鉴于当时诸侯争霸，而秦国国力较弱，遭到各国轻视，"诸侯卑秦，丑莫大焉"，秦孝公下定决心变法，并拒绝了国内反对变法的杜挚和甘龙的意见，义无反顾地支持商鞅。而王安石变法时期，宋神宗开始是支持的，后来，因为反对意见太大，就动摇了，导致新法几乎被全部废除。④百姓支持。商鞅变法废除了世卿世禄制，实行军功爵制，按照军功大小授予爵位和田宅，并承认土地私有，奖励耕织，这些都使原来固化的阶层出现了流动，出身贫贱的人可以依靠军功跻身贵族的行列，为底层人升迁提供了一条通道，所以得到民众支持。当然，这些答案未必非常合理，但这是学生综合所学知识和材料信息得出的看法，是自己理性思考的结果，应该要鼓励。

三、批注式阅读还需注意的几个问题

历史学科推行批注式阅读，对培养学生的历史素养和能力有非常重要的意义。批注式阅读本身是一个非常严谨和科学的工作，从阅读材料的选择，再到阅读方法的引领，到阅读效果的评价，是环环相扣的。在推行批注式阅读的过程中，教师还应该注意以下几个问题：

1. 选择阅读材料要有针对性，要与课本所学内容相结合

从根本上说，批注式阅读是为了加强学生对所学内容的理解，提高学生史料实证的能力，因此，从阅读素材的选择方面来说，应该以与所学内容有关的材料为主，这样既可以让知识回归原典，又可以减少学生的阅读障碍，而不应该选择学生不熟悉或阅读难度很大的材料，这就偏离了批注式阅读的本意。

具体来说，在选择中国古代史部分的阅读材料时，我选取了跟课本内容关联度较高的史料。在学习夏商的政治制度时，我摘编了《史记·夏本纪》和《史记·周本纪》中大禹治水、王位世袭制、九世之乱、嫡长子继承制等内容；在学习西周和东周政治部分时，我摘编了《史记·周本纪》《史记·秦本纪》《史记·商君列传》中武王伐纣、武王分封、商鞅变法等内容；在学习春秋战国文化部分时，我摘编了《史记·孔子世家》《史记·老子韩非列传》《史记·孟子荀卿列传》中孔子、老子、庄子、韩非子、孟子和荀子的相关介绍，对课本知识进行补充。在学习秦汉历史时，我摘编了《史记·货殖列传》《史记·秦始皇本纪》《史记·孝武本纪》《史记·吴王濞列传》中秦汉皇帝制度、三公九卿制度、郡县制、七国之乱、推恩令和内外朝等内容。这些材料都非常经典，能够与所学知识遥相呼应，可以加深学生对所学历史知识的理解。

2. 选择阅读材料要难度适中，要适合学生阅读水平

在材料选取过程中，教师要把握好难易度，既不能过于简单，那样就没有挑战性了，又不能过于困难，那就使学生陷入对字词的注解，耗费大

量时间，事倍功半。笔者认为，教师可以选择阅读难度适中的原典提供给学生阅读，比如秦汉以前的部分，以《史记》为主；古代史部分以二十四史和《资治通鉴》为主；近代史的部分可以各类条约原文和当时人的著述为主，比如梁启超、毛泽东等人的著作，也可以参考当代学术权威的作品，如陈旭麓的《近代中国社会的新陈代谢》和徐中约的《中国近代史》；世界史部分可以各类原始文献和文件为主，比如《大宪章》《九十五条论纲》《权利法案》《人权宣言》等，也可以借鉴当代学者的论著，如上海社会科学出版社出版的《世界历史文化丛书》和人民出版社出版的"国别史"系列等。

教师尽量少选择今人的论著，因为今人的解读主观色彩浓厚，大多是一家之言，也未必能还原材料的本意和历史的真相，容易引发分歧。与其这样，不如把最原始的文献交给学生，让他们来解读和诠释。

3. 注重批注式阅读后的反馈和评价，提升阅读质量

教师将阅读材料印发给学生，由学生对材料进行阅读和批注，这只是完成了第一步。更重要的是，教师要对学生的批注内容进行详细阅读批改，对学生阅读中暴露的问题进行反思和总结，对学生批注的亮点进行分享和展示，并予以鼓励。

在教学过程中，评价和反思是一个重要的环节。教师要进行评价，才能掌握学生的学习情况，学生也要进行反思，才能有所进步，这就需要教师对学生的批注情况进行详细阅读。在批改过程中，笔者发现，学生的批注主要存在以下几类问题：①照抄原文，不进行概括和归纳。对材料信息进行分析和整合，体现了历史学科能力和核心素养。学生如果只是照抄原文，就起不到锻炼的效果了，教师应该引导学生对材料信息进行归纳和概括。②不能熟练使用历史学科的语言，过于口语化。每一种学科都有自己的语言，学生只有调动和运用所学知识，才能恰当地对材料信息进行表述。但有的学生历史知识不扎实，只能用口语化语言表述材料内容。面对这种现象，一定要引导学生认真理解背诵课本知识，积累历史语言。③只关注材料的内容，很少问"为什么"。对材料内容进行分析和整合，只是历史能力的一个方面，学生还要学着运用判断、归纳、演绎、分析、比较等逻辑

方法，利用相关学科的原理，针对材料提出问题、探讨问题，培养创新性思维。在阅读材料的过程中，学生要多问几个"为什么"，并尝试依据自己的所学解决问题，提出自己的观点和论据，这样才能够最大程度地发挥史料阅读的效果。

总之，在当前的课程改革和核心素养的大背景下，历史学科的批注式阅读越来越重要，是一个值得深入探讨的问题。批注式阅读是历史教学的延伸，使教学内容得到强化。有效的批注式阅读，也能提高学生阅读的质量，让学生养成良好的阅读习惯，受用终生。

原文发表于《中学历史教学参考》2019年第2期，收入时略有增减

■ 教学课例1 基于核心素养的历史研究课设计浅探——以旧版人教版高中历史必修二"对外开放格局的初步形成"为例

在高中历史教学中，研究课是提升教师专业素养的重要一环。研究课是中学教学的一种形式，是以教师现场授课加集体研讨为主的教学研修活动。研究课不同于常态课，具有现场性和互动性，能够给听课教师带来多角度的示范和启迪。对于新教师而言，研究课还具有探索教学模式、研究教学设计、改善教学方式、提升教学技能的重要作用，在教师的专业成长过程中起着非常重要作用。可以说，教师的专业成长，是从每一节研究课和示范课中磨砺出来的。那么如何上好研究课呢？结合自己旧版人教版高中历史必修二"对外开放格局的初步形成"一课的教学实践，笔者认为应该关注以下几个方面。

一、设计清晰的主线，引领学生

任何一节课，都有一条主线贯穿全篇，统摄该课的主要内容。主线就像每节课的灵魂，串联着主要知识点。教学细节的设计主要围绕主线展开，主线的重要性不言而喻。因为主线极其重要，所以要慎重选择。笔者认为：

教师在设计研究课时，不必急于确定主线，而是应该博览群书，查找阅读与研究课主题相关的图书资料，对当前的相关研究成果进行系统梳理。此举可以起到两重效果：一是全面掌握资料，便于从整体上把握讲课内容，从中找到统摄全局的主线；二是获得典型材料，在阅读图书资料的过程中，如果自己觉得材料比较典型，一定要随时记录下来，至少要记住出版信息和页码，以便日后查找。

在准备"对外开放格局的初步形成"一课的过程中，我反复阅读了傅高义著《邓小平时代》、刘金田主编《邓小平的历程：一个伟人和他的一个世纪》、苏台仁主编《邓小平生平全记录》、杨继绳著《邓小平时代：中国改革开放纪实》等著作和二十余篇学术论文，对邓小平引领对外开放的过程有了全面了解，之后逐步确定主线。通过广泛阅读，我认为本课大致有三条主线可供选择：一是以对外开放为主线，包括对外开放的背景、过程和影响；二是以《时代》周刊为主线；三是以邓小平为主线。

经过分析，第一条主线简单直接，但平铺直叙，缺乏设计感和层次感，无法作为研究课的主线。第二条以《时代》周刊作为主线，有其优越性。《时代》周刊是美国三大时事性新闻周刊之一，致力于追踪报道重大的国际问题，在很大程度上反映了美国主流精英阶层的看法。从1976年到1997年，邓小平先后八次登上了《时代》周刊的封面，反映出国际社会对中国对外开放的密切关注。但用《时代》周刊做主线，也有缺陷：其一，《时代》周刊并不能统摄所有的对外开放节点，比如1985年开放沿海经济开放区、1990年开放浦东、1992年开放沿江沿边内地省会城市，在《时代》周刊中都无法直接体现，这样会造成主线不连贯；其二，《时代》周刊对中国问题的评价并不全面客观，甚至戴着有色眼镜看待中国的发展，因此《时代》周刊的说服力要打个折扣。

最终，我选择了"一位伟人和一个时代"作为该课主线。邓小平是改革开放的总设计师，引领中国走出"文化大革命"的动荡，坚持实行对外开放。在对外开放的重大节点上，他都坚定支持对外开放，相应的图片及文字资料也有留存。以邓小平引领对外开放作为主线，将他定位为对外开放的引领者和中国模式的开创者，可以贯穿全篇。

二、选择典型的细节，感染学生

知识源于细节，又高于细节。讲历史，既要传授知识，但又不能只讲知识。如果只讲知识，不讲细节，历史就变得干巴巴的，丧失了趣味性和内在张力。典型的历史细节，才让历史有了温度，增加了历史的趣味，赋予了历史以人性，让人们通过品味细节，去触摸历史。历史细节的选择，忌贪大求全，需要选择典型性的，不能大水漫灌，而要精挑细选。有时，教师做研究课，不是材料太少，而是材料太多，又舍不得放弃，这样就导致整节课细节太多，处处是重点，导致泛泛而论。因此，细节的选择，考验着教师的眼光和能力，好的细节设计，能让研究课亮点不断。

在设计"对外开放格局的初步形成"一课时，我依据教学设计要求，选择了几个历史细节：《时代》周刊 1976 年 1 月 19 日的封面、邓小平访日、开放浦东、2017 年《时代》周刊封面等典型材料。其中每一个细节，在整体设计中都有重要的作用。

1976 年 1 月 19 日，邓小平第一次登上了《时代》周刊的封面。我将封面展示给学生，提出一个问题："如何分析封面中折射出的美国人的心态？"我带领同学从封面细部入手。封面中的邓小平目光犀利、炯炯有神、神态坚毅、神情严肃。左下方配词是："周的继任者：邓小平。"右上方配词是："中国，朋友还是敌人？"封面中既体现了美国人对中国的关注，又传达出美国人对邓小平的期待，期待他能引领中美关系正常发展。这体现了以美国为代表的国际社会对中国未来发展的关注。

面对国际社会的疑虑，邓小平于 1978 年 10 月前往日本进行了访问。10 月 24 日，邓小平前往日产汽车，考察了汽车装配车间，该车间已经采用了最先进的自动化技术。在这里，邓小平听说日产汽车平均每名工人年产汽车 94 辆，而中国最先进的长春汽车制造厂平均每名工人年产汽车 1 辆。他说："我懂得了什么是现代化。"我问学生什么是现代化，有的学生说机械化。我引导他们分析：当时长春汽车制造厂肯定也采用机器生产，所以现代化不是机械化。经过分析，邓小平所说的现代化，指的是自动化，这是当时世界上最先进的技术，也是我国实行对外开放的目的之一。10 月 26 日，邓小平乘坐新干线列车前往京都。当时新干线列车时速是 200 公里，我国列车时速是 40 公里，他感慨地说："就感觉到快，有催人跑的意思，我们现在正适合坐这样的车。"我问学生："邓小平只是在说车速吗？"学生分析道："既是说车速，更是在说经济发展速度，邓小平希望中国也能实现高速发展。"通过这些细节，能让学生真正明白我国实行对外开放的目的是吸收国外先进技术，推动经济快速发展。

20 世纪 80 年代末，国际局势风云变幻。中国的对外开放何去何从？中国会不会从此关上对外开放的大门？面对国际社会的疑虑，1989 年 6 月，邓小平坚定地说："现在国际上担心我们会收，我们就要做几件事情，表明我们改革开放的政策不变，而且要进一步地改革开放。"在这种国际大背景下，我国决定开发开放浦东。为何要开发浦东？邓小平如此解释"出牌顺序"："为什么我考虑深圳开放？因为它对着香港；开放珠海，是因为它对着澳门；开放厦门，因为它对着台湾；开放海南、汕头，因为它们对着东南亚。浦东就不一样了，浦东面对的是太平洋，是欧美，是全世界。"从中可以看出，开放浦东，是我国深化对外开放的重要步骤，是直接联通欧美的重要环节。从开放浦东的过程中，我们可以看到邓小平对国际局势的准确把握、对我国对外开放策略的掌控，以及对外开放的逐步深入。

2017 年 11 月 8 日，时任美国总统特朗普访华前夕，《时代》周刊登了一张很特殊的封面。封面为中英文两种语言，内容是"中国赢了"，这是《时代》周刊封面首次出现中文，导读文字也翻译成了中文。但仔细观察这张封面，就可以发现不同寻常之处：封面英文"China Won"是正常书写，但中文的四个大字"中国赢了"却是倒着写的。学生不禁要问："《时代》周刊为什么这么写呢？"改革开放以来，我国经济快速发展，2017 年，我国国内生产总值接近 13 万亿美元，跃居世界第二。《时代》周刊倒写"中国赢了"，体现了美国对中国经济快速发展的警惕和不甘心，中国经济的发展速度不容美国小觑。这也从侧面证明了我国实行对外开放的战略是正确的，是顺应时代潮流的。通过这张有"内涵"的封面，学生加深了对我国对外开放成绩的认知。

三、设置巧妙的问题，引导学生

无论是研究课，还是常态课，问题的设置都是非常重要的一个环节。巧妙的问题，可以激发学生的学习兴趣，引导学生加深对资料的认知，引起学生的探究意识，培养学生的学习能力。学生对历史的探究兴趣，正是在一系列巧妙的问题中逐渐养成的。

1. 问题要有层次性，层层设问，由浅入深，逐步引发学生思考

在一节完整的课堂中，所有问题的设计都应该围绕主题展开，从不同角度指向本课的重点和难点，绝不是教师随意设置。看似简单的问题背后，凝聚着教师对重难点的条分缕析和层层深入。在"对外开放的初步形成"一课中，我先后设置了十多个问题，包括分析1976年1月19日《时代》周刊封面折射出的美国人的心态、分析经济特区引发的社会质疑、利用资料对比经济特区和经济技术开发区的不同、思考1986年《时代》周刊为何将邓小平评为年度人物、思考2017年《时代》周刊为何用中文配词"中国赢了"等。这些问题围绕本课重难点设置，又配以丰富多彩的图片和文字资料，培养了学生的探究兴趣，有利于加深学生对知识的理解。

2. 问题要有典型性，真正引发学生思考，而不是为设问而设问

设置问题是为了服务教学、深化对知识的理解，而不是为了应景。问题的设计不必太多，但要典型，要针对重难点设置问题。每设置一个问题，教师都要先行反思：设置这个问题的意义是什么？如果连自己都回答不上来，那就不要提问，宁缺毋滥。在"对外开放格局的初步形成"一课中，为了加深学生对经济特区的理解，我首先提问："经济特区'特'在哪里？"学生自己思考之后，我展示特区的材料，逐个分析经济特区的特殊之处，学生就会将材料中的信息与自己的思考进行对比。特殊的经济政策并不能涵盖经济特区的所有"特"，此外还有特殊的性质。为了引导学生认识经济特区特殊的性质，我接着抛出问题：经济特区在当时毕竟是新生事物，引起了很多人的质疑，有人质疑经济特区就是清末的通商口岸，有人质疑引入外资会让特区变成资本主义性质。针对这些问题，我引用典型资料，利用对比研究法，引导学生对这些质疑进行分析研究，最终得出结论：经济特区依然坚持共产党的领导，经济上以公有制为主体，还是社会主义性质的，因为引进外资和外国技术，所以不同于内地的城市，具有特殊的性质。除此之外，经济特区还有特殊之处吗？我又展示了三段材料，经过分析，我们可以看到经济特区是发展外向型经济的"排头兵"，是经济体制改革的"试验田"，还是全面对外开放的"突破口"，因此，从作用上说，经济特区起到了特殊的作用，为全国深化对外开放奠定了基础。至此，经济特区的特殊之处就基本分析清楚了。

3. 问题要有多样性，通过变换问题类型，激发学生思考的兴趣

提出问题有助于启发学生的探究精神，但如果问题形式过于单一，也会使提问过程过于单调，此时提出问题更像走过场，而不能成为教学过程的必要组成部分。比如，如果教师频繁地提出"为什么"这类问题，就显得毫无新意，无法刺激学生的求知欲，因此，问题设置的多样化也是做好研究课的重要环节。

在"对外开放格局的初步形成"一课的教学设计中，我设置了灵活多样的问题。比如在分析经济特区实行的特殊经济政策时，我问学生："经济特区'特'在哪里？"在分析经济特区特殊的性质时，我没有简单地将材料抛给学生，而是以分析社会质疑的方式，将学生带入当时的社会中，增强了代入感。在分析引进外资会不会改变经济特区的社会性质时，我问学生："如果你是时任广东省委书记习仲勋，你会怎么回应社会的质疑？"在分析对外开放的成就时，我没有直接给出相关材料进行分析，而是展示1986年邓小平被《时代》周刊评为年度人物的封面，向学生提问："邓小平为什么被《时代》周刊评为年度人物？"在展示中国持续深化对外开放的进程时，我没有平铺直叙地讲述，而是展示了1997年3月3日《时代》周刊的封面，但隐去了封面配词，让学生依据当时的时代背景，自己给封面配词，以此调动学生的学习兴趣。虽然本节课设计了大量问题，但学生并未产生思维疲劳，反而乐此不疲，积极思考回答，这都得益于灵活多样的问题设计，让课堂更加活跃。

四、通过潜移默化的情感，触动学生

依据历史学科的核心素养，家国情怀应该渗透进课堂之中。教师应该在课堂上，培养学生对国家和民族历史的情感认同，增强自信心和自豪感。

中国现在的强大，离不开我国适时地对外开放、打开国门，引入外资、先进技术和管理经验。在学习外国的过程中，一直伴随着保守人士的质疑、批评和攻击，但邓小平从未动摇，而是始终坚持对外开放不动摇，同时采用灵活的策略，支持推动对外开放。可以说，邓小平是中国社会的变革者、中国对外开放的引领者、中国模式的开创者。将"改革开放格局的初步形成"一课的主题确定为"一位伟人和一个时代",能够很好地起到培养学生对我国对外开放情感认同的效果。

本课以邓小平作为主线,通过还原历史细节,凸显了邓小平对推动对外开放所起的重大作用。在中央正式决定设立经济特区之前,时任广东省委书记习仲勋到北京拜见邓小平。邓小平说:"还是叫特区好,陕甘宁开始就叫特区嘛。中央没有钱,可以给些政策,你们自己去搞,杀出一条血路来。"邓小平用陕甘宁特区与经济特区做比较,强调了设置经济特区的合理性,给广东政府大力发展经济特区吃了颗"定心丸"。在经济特区设立初期,社会和党内都存在质疑之声。面对质疑,1982年邓小平前往广东度假,临行前,他反复强调:此行只是度假,不谈工作。但他在广东期间,专门接见了广东省委书记任仲夷等人,肯定了他们的做法,指示他们如果也认为设立经济特区是正确的,那就把它落实好。在邓小平的大力支持下,广东省委放开手脚,大力引进外资,发展外向型经济。对外开放初步成功,邓小平高兴地题词:"深圳的发展和经验证明,我们建立经济特区的政策是正确的。"此举不但公开肯定了经济特区的合法性,而且为继续扩大对外开放奠定了理论基础。邓小平的伟大之处在于,他认定对外开放顺应了时代潮流,顺应了民心,因此,他坚定不移地推动对外开放,发展国民经济,改善人民生活。通过学习该课,学生可以充分体会到"时代呼唤伟人,伟人引领时代",进而回扣"一位伟人和一个时代"这个主题。

总之,无论是研究课,还是常态课,教师一定要认真阅读研究相关文献,扩展学术视野,搭建叙事主线;要精心选择典型材料和故事情节,增强学生对历史的直接感知,理解历史背后的内在张力;通过精心设置问题,提升学生探究历史问题的兴趣,培养学生的历史探究能力;通过还原历史,润物无声地渗透家国情怀,培养对民族和国家的认同,逐步培养学生的历史学科核心素养。这些都需要历史教师持续的努力和付出,对每节课的用心打磨和雕琢。正如我很喜欢的佐藤学在《静悄悄的革命》中说过的一句话:"从一年做一次法国大菜的教师,变成每日三餐过问柴米油盐,并能做出美味菜肴的教师。"

教学课例2 回到历史的情境中——五四运动教学设计

当今,教育改革已经进入深水区,供给侧改革成为教育改革的方向,核心素养的培养成为教育发展的指向标。历史学科核心素养是学生在学习历史的过程中逐步形成的具有历史学科特点的必备品格和关键能力,主要包括唯物史观、时空观念、史料实证、历史解释和家国情怀五个方面。想要培养学生的历史学科核心素养,就要从课堂抓起,从每一堂课的教学设计做起,不断培养历史方法和能力。我在五四运动一课的教学中尝试进行了核心素养的渗透和应用。

五四运动是新民主主义的开端,深刻影响着新民主主义革命时期的历史走向。旧版人教版高中历史必修一对五四运动的阐述简单清晰,但限于篇幅,课本对五四运动的过程着墨不多。通过关注五四运动的细节,我们可以更清晰地了解五四运动的酝酿过程和历史意义,以及工人阶级在五四运动中及以后所发挥的历史作用。

基于对教学内容的理解,本文以近代外交家顾维钧的外交经历为主线,对教科书内容进行了适当整合和补充,通过对细节的描述,使历史过程更加丰满;通过引导学生分析材料,培养学生提取、概括和归纳信息的学科能力。

教学过程

■ 导入

教师:(出示克林德碑照片)1900年,北京地区义和团运动愈演愈烈,不断冲击教堂和驻外使馆。5月,德国驻华公使克林德率兵在北京街头枪杀了20多名中国人。6月,克林德被清军士兵打死,这就是克林德事件。《辛丑条约》签订以后,德国强迫清政府在克林德被杀地点修建了一座石牌坊,这就是克林德碑。克林德碑是近代中国屈辱历史的真实见证。

第一次世界大战期间,中国加入协约国阵营,对德国宣战。一战以英法美为首的协约国的胜利而告终。消息传来,举国欢腾,中国人民拆毁了克林德碑,将其更名为"公理战胜碑"。如果说克林德碑是晚清屈辱外交的象征,那公理战胜碑能否给中国人带来期待的和平和公理呢?今天咱们一起学习五四运动。

[设计意图] 通过对克林德碑和公理战胜碑的对比,激发学生探讨该碑命运的变化以及对近代中国命运的关注。

■ 新课教学

一、五四运动的缘起

要想在世界外交舞台上争取外交权益,就需要一流的外交家。在中国近代史上,有一位外交界的领袖人物,被誉为"民国第一外交家",也是近代中国许多重大外交事件的亲历者和见证者,他就是顾维钧。

1888年,顾维钧出生于上海市商业中心的一栋民房里。后来,他进入一所英国人办的教会学校——英华书院,学习外国知识和文化。晚清的上海鱼龙混杂,被称为"冒险家的乐园"。有一次,顾维钧在上海街头看到一位身着西装、手持文明杖的英国人正在击打一名中国人力车夫。他义愤填膺,冲上去质问英国人:"你是绅士吗?"那位英国人被他问得哑口无言,但依然盛气凌人。多灾多难的旧中国处处遭人蔑视欺凌,这在年幼的顾维钧心中留下了难以抹去的伤痛。

1905年,顾维钧考入美国哥伦比亚大学,主修政治和国际外交,先后获得法学学士、文学硕士和哲学博士学位。1912年,受袁世凯邀请,顾维钧回国担任总统府英文秘书。拥有了这个身份,他可以接触到政府重大事务的决策过程。1914年,第一次世界大战爆发,日本借口对德国宣战,入侵山东省。袁世凯召开紧急会议,商讨对策。顾维钧参加了会议,主张政府应该以武力保卫国土。最终,日本强占了德国在山东的权益。

1915年,日本以支持袁世凯称帝为诱饵,逼迫袁世凯签署了《二十一条》,承认了日本在山东的权益。同年顾维钧被任命为中国驻美国公使,前往华盛顿赴任。在任期间,他积极游走于美国各界,捍卫中国权益。

从1912年回国,到1915年就任驻美公使这段时间内,顾维钧也在体验观察中国的政局和社会。袁世凯当上中华民国临时总统后,不断加强独裁统治,强制解散国会和国民党,后来直接复辟帝制,引发了全国范围内的护国运动。袁世凯死后,北洋军内部分裂为直系、皖系和奉系。各派军阀占领地盘,拉帮结伙,相互攻伐,用鲁迅的话说:"城头变幻大王旗。"军阀混战给中国人民带来了无穷的灾难和破坏。阅读材料一,总结军阀混战对中国造成的破坏。

材料一 1916—1922 年,数得出的内战,至少十次,兵额由五十万人扩大到一百五十万人。军费来自捐税,工商业首当其冲。平时货物须纳厘金、落地税,以及各种所谓捐,合计达货值20%以上……到了战时,军阀愈无法无天,径自向银行、商会强借、强派,扣车扣船,破坏桥梁路轨,视为当然。[①]

随着工业的发展,全国工人的数目增至 200 万人,工会加多。1914—1918 年,罢工事件骤增,平均每年 18 次。1917 年为 23 次,1918 年为 30 次,大多是为了要求提高工资,改善待遇,亦有几次是为了政治原因。[②]

——郭廷以《近代中国史纲》

为了维持庞大的军费支出,政府不断增加税收、举借外债。税收激增,增加了人民的负担,导致民不聊生。政府和各派军阀以主权为担保,向列强举借外债,使中国的命脉被列强控制。工人人数增加,罢工次数增加,表明工人阶级逐渐觉醒。

1917 年,美国对德国宣战。顾维钧经过慎重研究,建议中国政府跟随美国对德宣战,以争取战后主动权。1917 年,中国政府加入协约国阵营,对德国宣战。

中国参战一年后,"一战"结束了。消息传来,举国振奋,上下欢欣鼓舞。北京大学放假三天,进行庆祝。11 月 13 日,青年学生组织了庆祝游行,举着"公理战胜""世界大同"等标语经过长安街、东单一带,沿途吸引了大量民众,克林德碑也被更换成"公理战胜碑"。自 1840 年以来,中国被迫与西方列强签订了近千件丧权辱国的条约,丧失了大量主权。现在

---

①② 郭廷以. 近代中国史纲 [M]. 北京:世纪出版集团,2012.

终于成为战胜国，可以一雪前耻、扬眉吐气了。

[设计意图] 通过对顾维钧前期生涯的叙述，让学生了解个人的经历会影响其思想的形成。同时，通过顾维钧对民国初期社会的观察，让学生了解当时军阀割据导致中国贫穷落后，为巴黎和会的外交失败埋下伏笔。

1919年年初，中国派代表参加巴黎和会，商谈战后和平。顾维钧被委任为代表之一，从华盛顿赶赴巴黎。在顾维钧的外交生涯中，巴黎和会是一件非常重要的外交事件。让我们跟随顾维钧走进巴黎和会的台前幕后。

顾维钧雄心勃勃、意气风发，决心施展自己的外交才华，在和会上为中国争取权益。但是，会议还没召开，就传出了一个令人沮丧的消息。英法美日意五国把持了和会，规定协约国及参战各国在巴黎和会上将分为三类：①五个主要协约国，每国五个席位；②战争中提供过某些有效援助的国家，每国三个席位；③协约国阵营中的其他成员，每国两个席位。中国被列为第三类国家，只能拥有两个席位，这不啻给了兴奋中的中国人当头一棒，也让顾维钧的心头笼罩了一层阴云。

中国参加此次和会，希望能彻底解决山东问题，收回山东。日本希望能使他们占据的山东权益得到国际社会的认可，使其侵略权益合法化。1919年1月，和会开会讨论山东问题，中日首次交锋。大家看两段视频，思考总结：日本代表的态度是什么？有什么根据？中国代表的态度是什么？有什么依据？播放视频《我的1919》。

日本：要求和会将德国在山东的权益转交给日本。根据中日签署的《二十一条》及其他密约。

中国：强烈要求日本归还山东。理由：①山东是中国文化的摇篮，中国不能失去山东；②中国劳工参加了第一次世界大战，并做出了突出贡献。

顾维钧在发言中驳斥了日本人关于中国人未出一兵一卒的谎言，论述了山东对于中国的重要性，驳回了日本人的无理要求。他的发言有理有据，引起了英美法元首的关注和巴黎华侨、华人社团的赞许，国内各界也纷纷发电称赞顾维钧。

材料二　我刚一讲完，中国代表团就鼓起掌来。威尔逊总统（美）走过来向我祝贺。随后，劳合·乔治（英国首相）、贝尔福、蓝辛也都跑来向我祝贺。坐在前排主席对面的代表中，也有很多人跑来跟我和王正廷博士握手……他们对于中国这一声明印象极好……当地报纸报道特别强调中国声明受到除日本以外大国代表的一致赞扬……我本人自然颇受鼓舞，对于辩论受到欢迎亦觉快慰。①

——顾维钧《顾维钧回忆录》（第一分册）

顾维钧的发言提振了中国代表团的士气，胜利的天平似乎已经偏向了中国。正在中国通过公开活动争取国际舆论时，日本代表也在私下奔走。他们以退出和会相威胁，与英法达成了秘密协议，日本的无理要求得到了满足。

材料三　第一百五十六条　德国将按照一八九八年三月六日与中国所订条约及关于山东省之其他文件，所获得之一切权利、所有权及特权，其中以关于胶州领土、铁路、矿产及海底电线为尤要，放弃以与日本。

第一百五十八条　德国应将关于胶州领土内之民政、军政、财政、司法或其他各项档案、登记册、地图、证券及各种文件，无论存放何处，自本约实行起三个月内移交日本。②

——《凡尔赛和约》（摘录）（1919年4月30日）

巴黎和会无视中国战胜国的地位和正当要求，出卖中国权益，使顾维钧和中国代表团非常失望。顾维钧在日记中沮丧地写道："中国以战胜国的身份参加和会，却要被瓜分领土，已经沦为战败国的德国的地位。"大家思考一下：英法为什么出卖中国权益？决定外交的因素有哪些？

学生：弱国无外交。因素有国家利益、国家实力、国际局势、意识形态等。

巴黎和会上外交失败的消息很快传回国内，引发了五四运动。

[设计意图]　通过了解顾维钧在巴黎和会前后的外交努力，使学生了解

---

① 顾维钧. 顾维钧回忆录：第一分册 [M]. 北京：中华书局，2013.
② 王芸生. 六十年来中国与日本：第七卷 [M]. 北京：生活·读书·新知三联书店，2005.

"弱国无外交"的真正含义，体会当时中国人的绝望，为五四运动的爆发做好铺垫。

二、五四运动的过程

巴黎和会外交的失败，无异于给满怀期待的中国人浇了一盆冷水，北京的学生最先动员起来。经过广泛联络，1919年5月4日，3 000多名北京学生齐聚天安门。学生代表们纷纷发表了热烈的演讲，痛斥帝国主义践踏"公理"和卖国贼出卖国家权益，高举着"外争主权，内除国贼""废除二十一条""拒绝在合约上签字""还我青岛"等旗帜标语，开始进行示威游行。一路上他们"步法整齐，仪容严肃，西人见者莫不啧啧称赞"①。学生眼中的卖国贼有曹汝霖、章宗祥和陆宗舆。曹汝霖时任交通总长，订立《二十一条》时担任外交次长，是对日交涉的主要人物。章宗祥曾担任驻日公使，出卖胶济铁路经营权，拱手将济顺铁路和高徐铁路修筑权让给日本。陆宗舆时任币制局总裁，订立《二十一条》时任驻日公使，多次经手向日本借款。

学生游行队伍从天安门出发，穿过东公安街、东长安街，停在了外国使馆区门口，"他们沿路散发传单，许多人民看见掉泪，又有好些巡警也掉泪"②。按照计划，他们要"向英美法诸使馆表示中国民众对于日本强占山东之愤激，请求各国维持公理"③。很不凑巧的是，当天是周末，各国公使要么外出度假，要么拒不接见学生代表。学生只能把请愿书交给使馆接待人员。他们满怀期待而来，却没有见到公使们，不禁有些悻悻。有人提议大家到使馆区游行宣示主权，这个提议得到了学生们的一致拥护。无奈荷枪实弹的外国军队守在使馆区门口，禁止学生进入。大家思考一下：为什么会出现这种局面？

学生：《辛丑条约》规定使馆区不允许中国人往来居住，成为"国中之国"。

进入使馆区宣示主权的正当要求被无理拒绝，学生们的激愤情绪瞬间

---

① 中国社会科学院近代史研究所. 五四爱国运动：上［M］. 北京：知识产权出版社，2013.
② 中国社会科学院近代史研究所. 五四爱国运动：下［M］. 北京：知识产权出版社，2013.
③ 王芸生. 六十年来中国与日本：第七卷［M］. 北京：生活·读书·新知三联书店，2005.

被点燃了。学生们认为近代中国被迫签署了近千件丧权辱国的条约，罪魁祸首就是卖国贼。义愤填膺的学生不顾游行组织者的劝阻，把矛头对准了距离他们最近的卖国贼曹汝霖的住宅——赵家楼，学生"冲开大门，蜂拥入宅，寻汝霖不获，即将家中物品捣毁，并纵火焚屋。驻日公使章宗祥适归国，时在曹宅，与学生相值，被殴，头部腰背皆受重伤，后经警察护送同仁医院医治"①。这就是著名的"火烧赵家楼"事件。

下午，学生陆续撤退了，军警逮捕了三十多名没来得及撤离的学生。

阅读材料四，总结北京政府对学生游行的态度。

材料四　1919年5月6日，北京政府下弹压学生令，学生如再有假名纠众扰乱秩序者，即逮捕惩办。

1919年5月8日，北京政府下惩办学生令，整饬学风，将滋事学生送交法庭依法办理。

1919年5月14日，北京政府下警备学生令，要求军警切实取缔学潮，并警告学生，不得干预政治。②

——中国社会科学院近代史研究所编《五四爱国运动》（下）

学生：北京政府命令严厉镇压学生的爱国运动。

[**设计意图**]　通过了解北京政府对待学生的蛮横行径，为工人阶级成为运动主力军做好对比的准备。

北京爆发五四运动的消息很快传遍全国，举国为外交耻辱而扼腕叹息，为学生的爱国义举而感动振奋，为北京政府的倒行逆施而愤恨不已。全国各界迅速动员联合起来，上海、南京、广州、武汉、天津、重庆、西安、济南等城市的市民、商人、工人和学生纷纷开展了罢市、罢工和罢课活动，声援北京学生。1919年5月7日，上海各界在南市公共体育场召开声援北京学生的国民大会，规模达上万人。1919年6月5日，上海全市工人大罢工，并走向街头示威游行，上海水陆交通全部中断。上海商人罢市，打出了"不除国贼不开市"的标语。远在巴黎的顾维钧也感受到了来自全国人民的压力，在回忆录中写道："和会对中国问题的不利决定已经引起人们的

---

① 王芸生. 六十年来中国与日本：第七卷 [M]. 北京：生活·读书·新知三联书店，2005.
② 中国社会科学院近代史研究所. 五四爱国运动：下 [M]. 北京：知识产权出版社，2013.

极大不满,而且,对于五四运动的爆发,它即使不是唯一的原因,也是一个主要原因。"① 就连生活在最底层、被人们看不起的小偷也以"罢偷"的形式支援学生。阅读材料并思考:材料反映了五四运动的什么特点?

材料五　盗亦有道——上海小偷"罢偷"

1919 年,青红帮在上海罢市之日,由首领召集会议,议决,无论罢市若干日,所有盗窃扒手,一律停止。若有违背者,照帮规处罚。此消息前数日已有所闻,但不知确否。今罢市已六日,竟无此项事件发生。②

——海上闲人编《上海罢市实录》

学生:反映了五四运动的广泛性,各阶层纷纷参与。

[设计意图] 通过引用各行业支持学生运动的材料,尤其是"罢偷"的通讯,体现五四运动的广泛性。

在全国各地、各阶层,尤其是工人阶级的强烈推动下,北京政府不得不释放被捕学生,罢免了三个卖国贼。6 月 24 日,顾维钧等人接到了北京政府外交部的电文:"国内局势紧张,人民要求拒签,政府压力极大,签字一事请陆总长自行决定。"③ 中国代表团决定拒绝出席巴黎和会的签字仪式,以此抗议和会违背了中国的利益,顾维钧回忆道:

材料六　我暗自想象着和会闭幕典礼的盛况,想象着当出席和会的代表们看到为中国全权代表留着的两把座椅上一直空荡无人时,将会怎样地惊异、激动。这对我、对代表团全体、对中国都是一个难忘的日子。中国的缺席必将使和会,使法国外交界、甚至使整个世界为之愕然,即便不是为之震动的话。④

——顾维钧《顾维钧回忆录》(第一分册)

中国代表团以拒绝出席签字仪式抗议列强出卖中国权益,这在近代中国外交史上还是第一次。日本本来打算在和会上联合英法向中国施压,迫使中国承认其侵略权益,但没有料到中国代表团居然拒绝出席签字仪式、

---

① 顾维钧. 顾维钧回忆录:第一分册 [M]. 北京:中华书局,2013:196.
② 中国社会科学院近代史研究所. 五四爱国运动:下 [M]. 北京:知识产权出版社,2013:181.
③ 顾维钧. 顾维钧回忆录:第一分册 [M]. 北京:中华书局,2013:195.
④ 顾维钧. 顾维钧回忆录:第一分册 [M]. 北京:中华书局,2013:198.

拒绝接受不平等条约,使日本在外交上处于被动地位,正如顾维钧所分析的:"中国此举使日本处于微妙境地,没有中国的签字同意,它在对德和约中获享的权利就不能合法继承,虽然事实上日本由于它对德武装干涉,已经通过军事占领行使了它在山东的特权。日本当然急于在巴黎得到各国对其特权的承认,但是不仅如此,它还亟盼中国接受和约,以便取得中国对其享有的特权的同意。"①

中国拒签和约,阻止了日本人侵占山东的企图,为后来解决山东问题创造了条件。两年后的华盛顿会议上,在中国代表团的强烈要求和英美等国斡旋下,中日两国签订了《解决山东悬案条约》,规定:"第一条 日本应将胶州德国旧租借地交还中国;第九条 日本军队,包括宪兵在内,现驻沿青岛、济南铁路及其支线者,应于中国派有警队或军队接防铁路时,立即撤退②。"条约恢复了中国对山东的主权,收回了胶州湾租借地。应该说,在巴黎和会上拒签和约,是中国代表团在当时的情势下做出的最有利于中国的选择。正是由于全国人民的支持和顾维钧等人的坚持,最终才能顺利解决山东问题。

我们回顾一下五四运动的过程(表2-5-1)。

表2-5-1 五四运动的过程

知识点	第一阶段	第二阶段
中心	北京	上海
主力	青年学生	工人、市民
方式	罢课	罢课,罢工,罢市
结果	遭镇压	释放,罢免,拒签

结合刚才所学,阅读材料七,思考一下:为什么在第一阶段,北京政府极力镇压学生运动,而第二阶段中,北京政府被迫妥协?这反映了什么问题?

---

① 顾维钧. 顾维钧回忆录:第一分册 [M]. 北京:中华书局,2013.
② 王铁崖. 中外旧约章汇编:第三册 [M]. 北京:生活·读书·新知三联书店,1962.

材料七　学生罢课半月，政府不惟不理，且对待日益严厉。乃商界罢市不及一日，而北京被捕之学生释；工界罢工不及五日，而曹、章、陆去。①

——《民国日报》1919年6月13日

学生：工人阶级推动五四运动，是主力军。

我们用流程图展示五四运动期间各项事件之间的关联，可以清晰地看到：巴黎和会是五四运动的导火索，学生是五四运动的先锋队，工人阶级和市民阶级发挥了重要作用。工人阶级的壮大，为中国共产党的成立提供了阶级基础（图2-5-1）。

图2-5-1　五四运动期间各项事件之间的关联

[设计意图]　通过前后两个阶段的对比，让学生明白：学生是五四运动的先锋，工人阶级是主力军。随着力量的壮大，工人阶级在政治舞台上发挥着越来越重要的作用。

三、五四运动的回声

在五四运动期间，学生和市民曾经发生过激行为。他们为了表达抗日情绪，纷纷抵制日货，收缴并焚毁日货，其中，在天津尤其激烈。有一部分天津学生因侵犯私人财产罪和聚众骚扰罪被告上法庭，其中就有周恩来。你如何看待此事？

学生：支持，学生爱国；反对，破坏私人财产。

当时社会上也产生了两种声音。主流舆论认为学生焚毁日货，显示大众对日本侵略行径的反抗，是正当的。但也有部分法律学家认为，虽然学生是基于爱国情怀，但是行为已经构成违法。

法庭经过权衡，当庭宣判：学生焚毁私人物品、聚众骚扰，"众证如此

---

① 《上海学生联合会消息》，《申报》1919年6月13日。

凿凿，该被告等，实不能免除罪责"①，由于已经构成犯罪行为，判处周恩来等人监禁两个月；但法庭认为，由于他们基于爱国热情，准许他们用监押时间折抵刑期，当庭释放，以示体恤。我想，这种判决结果在爱国和法律之间找到了平衡点，它告诉我们：一定要理性爱国。

[设计意图] 通过审视该案件，培养学生理性爱国的意识。

■ 课后小结

核心素养的培养要从每一堂课着眼。历史学科核心素养是学生历史知识、能力和方法、情感态度和价值观等方面的综合表现。当然，核心素养的培养不能一蹴而就，不能采取大水漫灌的方式，而是应该选准角度，要靠长期浸润、引领。

任何历史事件都是由人来完成的，个人的行为会对历史产生很大影响。讲课过程中以人物经历贯穿课堂，可以相对清晰地还原历史细节，近距离观察历史人物的作用，使历史课堂更加真实可感。本课以顾维钧的前期外交生涯为主线，通过他的眼睛观察中国社会，通过他的观察了解巴黎和会和五四运动的细节，探讨爱国的途径，培养学生关注细节的眼光和史料实证的能力，并在讲课过程中逐渐渗透理性爱国意识，让学生探究自己的社会责任和人文追求。历史的智慧源于对历史细节的把握，只有了解历史细节，才能更好地走进历史，才能明白历史为什么是这样，而不是那样。

---

① 中国社会科学院近代史研究所. 五四爱国运动：上 [M]. 北京：知识产权出版社，2013.

第三章

讲出有温度的历史

生态智慧教育尊重生命、绽放个性,通过前沿技术,培养学生的人文精神和责任担当。生态智慧教育是引导学生不断拓展自我认知、追求卓越的过程。教师要在本专业领域内,积极准备,精心设计,以立德树人为目标,开启学生心智,为国家培养优秀的人才。

第一节　关注教师的专业成长

教师是一份很特殊的工作，既是一种职业，还应该是一种事业。这项事业极其重要，关系到国家和民族的未来发展。习近平总书记曾经说："一个人遇到好老师是人生的幸运，一个学校拥有好老师是学校的光荣，一个民族源源不断涌现出一批又一批好老师则是民族的希望。"如何履行好教师的职责，成为一名优秀的人民教师，是众多教育工作者不断探索的重要问题。笔者认为，教师自身的专业成长是其中非常重要的一环。为了推动专业成长，教师应该从以下几个方面努力。

一、教师应该密切关注专业学术动态

教育的发展从来不会与社会脱节，既服务于社会，又受到社会发展的影响。社会的各个环节都会对教育产生影响，其中学术发展的影响尤其直接和显著。当前，学术研究正在发生日新月异的变化，新成果、新发现、新理论层出不穷，呈现井喷式发展。这些新的学术研究成果必然会反作用于中学教学，不断更新中学教学的知识体系，提升中学教学的专业水准。

随着对学科核心素养研究的日益深入，中学教学越来越关注培养学生的实践能力，注重培养学生发现问题和解决问题的能力，要求学生将理论和实践结合起来，达到学以致用、知行合一的效果，这都对教师的专业发展提出了更高的要求。例如，2017年北京文综历史学科考试试题中，就关注到了"一带一路"的问题，要求学生利用材料和所学知识，分析海上丝绸之路对唐宋社会经济的影响。这个问题把唐宋社会经济这个知识问题和"一带一路"这个现实问题结合起来进行考察，核心就是考察海外贸易的发展对国内经济的反作用，要求学生不仅能记忆知识，还应该根据材料提示和问题灵活运用知识，概括提炼材料信息进行解答。

受到以上因素的影响，当前的中高考方式也在发生重大变革。现在的中高考不再强调背诵和记忆，而是强调理解和应用，考查重点从知识掌握转变为学生探究问题和解决问题的能力。为了考查学生的学科素养和能力，

考试方式也在发生明显变化，通过设置复杂陌生的新情境、新问题，考查学生对知识的理解和应用能力。例如，2016年北京文综关注到了当年的重大考古成果——江西南昌海昏侯墓，采用河南安阳西高穴墓和海昏侯墓对比的方式，要求学生分析西高穴墓墓主身份存在争议的原因。这个问题以时事热点作为载体，考查学生对历史问题的分析和探究能力，以及学生在陌生情境下，通过调动所学知识和日常所闻解决问题的能力，顺便还考查学生的知识广度、学术视野和对现实的关注度。中考和高考趋向灵活性，倒逼中学教师和课堂要不断关注学术前沿和社会现实。

为了应对这些问题，教师应该对当前学术发展前沿保持适度敏感，对学科现状保持关注，应该积极通过多种方式，提高自身的学术素养和学术水准。当前，教师提高学术素养的主要方式有：阅读专业书籍刊物、关注学术网站、参加学术研讨会、教研组集体备课等。随着信息技术和印刷技术的发展，知识的传播速度越来越快，越来越具有时效性，教师应该及时购买阅读学术著作，多读书、读好书、浏览学术网站，了解学术发展动态，时时跟踪学术前沿。除了单向阅读书刊获取信息外，教师还应该积极参加专业培训和学术研讨会。一般来说，学科培训和学术研讨会汇集了当前学术发展的一些成果，通过参会学习并与专家互动交流，可以拓展教师的专业思维。此外，学科教研组内应该定期组织集体备课，通过分享交流，实现教师之间相互启迪、相互影响的良性互动。

教师的专业发展了，也不一定能立即转化为学生的学习能力，教师还要关注学术前沿与中学知识体系的关联。由于学生的知识储备和理解能力有限，对于学术成果的吸收能力还不高，无法吸收过于高端前沿的知识，因此教师应该将学术前沿和专业知识进行加工整合，以学科核心素养为标准，将中学生的学习能力、课程标准、学科前沿和核心素养进行有机整合，使学术前沿成果真正能够服务于中学教学，拓展学生的学术视野。当然，这对教师提出了更高的要求。

此外，学校应该为教师学习提升专业素养配备良好的阅读条件，订购专业图书和期刊，创造机会将学科专家和教育专家引进校园，为教师专业发展提供良好的平台和支持。

二、教师应该关注不同学科的关联性

当今社会，学科专业在发生复杂的变化：一方面学科专业分化越来越细，新的学科分支不断涌现；另一方面，学科之间的关联性越来越强，知识的综合性越来越深，跨专业的现象越来越突出，呈现出明显的多学科综合性。具体表现是，对很多问题的认知，不再局限于某些特定学科，而是强调综合多学科的知识，全面分析和解决问题。物理、化学和生物学科的发展，离不开数学的进步；历史、地理和政治的综合性也越来越强，对某些问题的认识，要从历史学科中探索发展变迁，从地理学科中探求地理因素，从政治学科中找寻政治因素；而所有学科的发展，都离不开语文学科的阅读材料和提取信息的能力。

以历史学科为例，教师要想讲清楚中国古代思想史，就必须对中国古代哲学史有比较清楚的了解，否则就讲不清楚老子、庄子、董仲舒、程朱、王阳明；教师要讲清楚西方思想史，就要对西方哲学史非常熟悉，对苏格拉底、柏拉图、亚里士多德、阿奎那、弗兰西斯·培根、休谟、康德了如指掌，对智者学派、犬儒学派、伊壁鸠鲁学派、基督教、德国古典哲学如数家珍，否则对西方思想史的讲解就缺乏深度，就会讲不清楚、讲不透彻。要想讲清楚中国和西方哲学史，还要对哲学学科的相关理论和范畴有所了解。同时教师还要了解古希腊的地理环境和政治氛围，否则就不能真正讲清楚为什么苏格拉底会出现在雅典城邦。

这种跨学科的思维方式，不仅体现在中学教学中，也体现在高考中，成为高考文综的一个重要趋势。举例来说，北京市高考新课改以来，有一类题型几乎年年出现在高考文综历史试卷中，那就是地图题。地图类问题为何会受到命题者的青睐？仔细分析可以看到，地图题是将历史知识依托于地图中，学生需要具备地理和历史知识才能解答。学生要能看懂图例，分析提取地图中的历史信息，这是地理学科应该具备的学科素养；学生还要利用地图中的历史信息，结合自己掌握的历史知识进行解答，这又是历史学科应该具备的学科素养。地图题充分体现了文科综合中融合历史与地理学科能力的特点，充分体现了学科综合性，还考察了历史学科核心素养中的"时空观念"。一道试题，考出了学生的多项能力，可以预测，地图题还会出现在以后的历史试题中，应该予以充分关注。

想要培养学生的学科综合思维，教师要首先具备跨学科的综合能力。当然并不是要求教师掌握各学科的专业知识、精通各学科的专业思维，而是要求教师了解各学科的一般性常识，关注各学科的发展现状，能够具有比较宽广的思维视野。为了达到这个目的，教师可以尝试跨专业阅读。历史教师要阅读哲学、文学、政治和地理类图书，政治教师也要阅读历史、文学类图书。同时，不同学科的教师应该尝试定期集中研讨交流。可以提前确定跨学科的研讨主题，在集中研讨时，由各学科教师从不同专业和维度进行阐释，起到相互交流和启发的效果。也可以定期召开主题读书研讨会，确定一本图书，大家共同阅读，然后从各自专业的角度畅谈读书感想，也可以起到相互交流的作用。

三、教师可以尝试以教学课题带动专业发展

现在，以课题研究带动教育教学已经成为一种趋势，无论是教育主管部门还是学校、教师，对教育课题研究都很重视，并大力支持。教师们组成课题研究团队，对某些学科课题进行深入研究，这种做法是很有现实意义的。一线教师有先天优势，他们熟悉课程体系和课程内容，熟悉学生情况，了解学生群体面临的共同性问题，因此，教师在研究教育课题时比较有优势，研究成果也具有可参考性和复制性。

教师通过申请小而精的课题，从小切口对教育教学问题进行深入研究，可以在不增加教师教学负担的前提下，了解学术前沿，开阔学术视野，培养学术能力，对于提升教师的专业素养具有非常重要的意义。同时，申请课题、研究课题的过程，也是教师利用课题研究、反思教学的过程。基于教师自身的教学实践申请研究课题，可以引导教师关注教育和专业理论发展，反思总结教育教学经验，并进行系统化整理完善，最终形成一整套可以借鉴的教育经验。

教师应该充分利用国家和教育部门重视课题研究的有利条件，积极申请区级和市级教育教学研究课题，通过课题研究带动自己教学研究能力的

提升。笔者执教的北京一零一中学位于圆明园中，具备较好的地理区位优势。圆明园本身也是一个非常重要的爱国主义教育基地，具有很好的历史、文化和教育价值。为了充分挖掘圆明园的教育价值，笔者在2015年申请了海淀区级重点关注课题"'走进圆明园'实践课程开发研究"。在研究这个课题的过程中，笔者广泛查阅文献资料，梳理了圆明园的研究成果，对圆明园的修建过程、建筑特色和历史变迁有了比较清楚的了解。同时笔者多次实地探访圆明园建筑遗迹，开设校内选修课程，引导学生参与课题研究。多管齐下，这个课题既显著提高了笔者对圆明园的知识储备和认知水平，增加了对圆明园的深入了解，又通过引入学生参与，探索了圆明园学术研究与中学教学的最佳结合点。笔者参编的海淀区校本教材《走进圆明园》就吸取了部分课题研究成果，目前该书已经在海淀区推广使用，得到了师生的肯定。笔者在学校开设的选修课，也被北京市教育学院购买，作为外地教师培训的重要课程。迄今为止，"'走进圆明园'实践课程开发研究"课题已经落地成为相对完善的校本课程体系，受到了同学们的喜爱。

当前，教育领域正在发生一系列重大变化，教育技术日新月异，信息技术广泛引入中学教学。但在这些变化的背后，教师应该对此有冷静理性的认知，教育技术能够对课堂起到锦上添花的作用，但替代不了教师的专业素养。教学目标的达成，还要靠教师的讲授和启发；课堂活动的开展，也要靠教师的组织和引领。这对教师的专业要求不是降低了，而是提高了。无论教育领域如何变化，教师的专业素养才是教育教学的源头，只有具备了教师专业成长这个"活水源头"，教育才能有长久健康的发展。

原文发表于《中国教师》2018年第4期，略有增减

第二节　新时代中小学教师关键能力及养成路径浅析

随着社会经济的快速发展,中小学教育也在发生日新月异的变化。这种变化是全方位的,从教育理念到教学手段,从教育方式到教学内容,都在发生深刻变革。要想培养学生的能力,教师自身首先要具备关键能力。教师的关键能力应该涵盖哪些方面?这些关键能力应该如何养成呢?笔者在此依据自身的工作实践,分享自己的教学经验,不足之处,请读者指正。

一、了解学生的能力

教育的对象是学生,教育效果是否良好,会直接体现在学生身上。因此,教师要想完成教学目标,就应该具备了解学生的能力,这是做好教育工作的前提。只有了解了学生的状态,才能做到有的放矢,提高课堂效率。不了解自己的学生,就犹如盲人摸象,事倍功半。

现代社会已经处于信息时代,信息的来源越来越广泛,这直接推动了学生获取信息途径的多样化和便利化。教师在课堂上单纯讲授知识,已经无法满足学生多样化的教育需求。在这种情况下,教师应该认真研究学生,关注学情的变化,关注学生的兴趣爱好,关注学生的学习能力。通过关注学情,更有针对性地分析哪些知识学生可以通过自学获得,哪些困惑需要教师深入讲解,学生的兴趣点在哪儿。这样在进行教学设计和授课时,才能更有效果。

笔者曾经历过一件事,至今印象深刻。2013年,我担任我校人文实验班的历史老师。有一次上课,讲的内容是"古希腊的民主政治"。在正式讲解之前,我用特洛伊战争的故事作为导入。我刚讲了几句,一个学生举手跟我说:"老师,我对特洛伊战争很感兴趣,能不能让我讲一下这段历史?"我说:"没问题啊。"一边自己心里嘀咕:"你一个学生能知道多少?还能比我知道的更多?"那个学生开始讲了,从金苹果讲到战争过程,再到特洛伊木马,如数家珍,声情并茂。听她讲特洛伊战争,仿佛回到了那个波谲云诡的战争年代。她整整讲了一节课,我不舍得打断。等她讲完,我们都报以热烈的掌声。这件事深刻震撼了我，让我意识到，我现在教的学生，各有自己的兴趣点，他们在某些方面钻研的深度，可能已经超过了我。这件事情过后，我在班里做了一个小调查，统计学生对历史哪些内容感兴趣。每次课前，我给他们 5 分钟左右的时间，向同学们展示自己的历史素养。此举既激发了学生的学习兴趣，还展示了学生风采，同学们都很积极。

此外，教师还应该关注学生个性发展，关注学生的心理变化。当今社会，生活压力大，家庭亲子关系容易出现波动。反映在学生身上，就是容易出现抑郁等心理问题，这已经不是个别现象了。对于教师而言，应该及时关注学生的心理波动，加强家校沟通合作，全方位掌握学生动态，并联合心理老师，及时给予心理疏导，防患于未然。

总体而言，相较于以前，学生的情况更加复杂。学生在能力更加突出的同时，兴趣爱好也更加多元化，情绪和心理更容易产生波动。如果教师还按照以往的教育模式，可能会遇到新的问题，甚至可能产生师生矛盾。因此，教师应该具备了解学生的关键能力，走近学生，了解学生的情绪和兴趣，才能让自己的教学更有成效。

二、主动应对新变化的能力

社会环境在不断变化，教育也在发生深刻变革。教育理念在不断更新，教育方式在不断变革，教学内容也在不断变化，学生情况已经不同于往日。以历史学科为例，教育目标从早期的"双基"，即基础知识、基本技能，到 21 世纪初的"三维目标"，即知识与技能、过程与方法、情感态度与价值观，再到现如今的历史学科核心素养，即唯物史观、时空观念、史料实证、历史解释和家国情怀。每一次改变，带来的都是教育理念的变革、教育内容的调整。对教师而言，旧经验基本没有用武之地，一切都要从头再来、重新学习。这对教师的挑战是全方位的，是深刻的。

当然，这种变革对教师而言，既是挑战，也是机遇，既是危机，也是契机。2020 年 4 月，习近平总书记在浙江考察时强调："危和机总是同生并存，克服了危即是机。"他强调要深入分析，全面权衡，准确识变、科学应变、主动求变，善于从眼前的危机、眼前的困难中捕捉和创造机遇。总书记的话，对中小学教育和教师而言，提供了很重要的启发意义。教师应该主动适应新变革、接受拥抱新变化，化危机为契机，变被动为主动。这样才能占得先机，引领变革，否则就会被教育淘汰。

具体到历史学科，从2019年起，北京市高中全面使用教育部统一编写的历史教材。这套教材从结构框架到知识内容都是全新的。从整体而言，高一年级教材分为《中外历史纲要》上、下册两本书，完全不同于以往的政治、经济、文化三个模块。从内容上说，新增了大量内容，尤其是中国古代史部分增加的内容特别多。如何在规定时间内完成教学任务？如何兼顾历史学科的知识性和趣味性？如何在学习历史知识的同时，提升学生的历史能力和素养？这些都是摆在广大历史教师面前亟待解决的迫切问题。

既然已经如此，抱怨和回避是没有用的。历史教师首先要适应、接受这种变化，并从心态上做好应对这种变化的心理准备，不要排斥和抗拒。其次是积极参加教材培训，聆听专家的建议。人民教育出版社、北京市和海淀区都组织了形式各异的教师培训，有的请教材编写专家讲解教材编写思路，有的请一线教师专家讲解课堂技巧和内容分析，这些讲座都很有借鉴意义，值得认真学习领会。再其次，教师要认真分析课程标准，把握课标和教科书的重难点，注重初高中教材内容的对比研究和衔接，详略得当地完成授课任务。最后，教师还应该积极阅读专业书籍，提升自身的专业素养。须知，教师自身的专业基础越全面扎实，学术视野越广阔，在面对变革时，就会越从容。

三、课堂组织管理能力

当今教育的巨大变革，还体现在课堂组织方式的变化。自新课改以来，选课走班已经在中学实行过一轮了。这种变革适应了学生的多元需求，体现了多元智能理论，代表了未来教育发展的方向。根据多元智能理论，人类的智能和创造力是多元的，智力具有广泛性和多样性，应该重视和培养学生各方面的能力，找到并培养学生的优势科目和擅长领域，而不能苛求学生学好所有的科目。

但选课走班也给中学教学带来了新的挑战，对学校和教师提出了更高的要求。对学校而言，在选课走班过程中，学生存在个体差异，水平层次不同，对知识和能力的需求就会不同。学校需要设置层次不同的班级，将学生依据综合素质和能力分入不同的班级，实行流动式分层教学。这对学校的教学管理提出了很高的要求。对于教师而言，无法像以往那样，按照统一的教材和教案进行整齐划一的授课，必须深入了解学情，把握学生的认知水平，因材施教，根据学生的层次和特长提供多层次、多样化的教学内容。也要及时更新课程意识和教学观念，吸收最新的学术成果，进行多层次的教学设计。还要根据学生特长自主进行课程开发，最大程度地满足学生多样化的学习需求，提高学生的学习兴趣，使不同兴趣特长的学生都能发挥自身的优势，获得满足感，激发他们不断探索进步的动力。

教师对课堂的组织管理能力，具体体现在对课堂内容的把控、对课堂气氛的调控、对突发事件的控制等方面。教师要根据学生的教育水平，选择难度适合的教学内容，既要完成教学任务，还要培养学生的学习兴趣。对课堂气氛的调节，也是教师的必备能力。课堂气氛过于活跃，或者过于压抑，都不利于教学活动的开展。过于活跃容易使课堂流于形式，变得浮躁；过于压抑，容易压制学生的自主性和创造性。教师应该根据教学内容和学生反应，适时调节课堂气氛，调动学生的学习积极性。在学生过度活跃时，抛出问题引导学生冷静思考，在气氛略显压抑时，采取措施活跃气氛，保证课堂张弛有度。教师还要有应对突发事件的能力。每个班级都不可避免地会发生一些突发事件，有时是学生意外受伤，有时是学生活跃过度，有时是学生之间发生矛盾摩擦。对于这些意外事件应该如何处理，并没有一定之规，但基本原则是尽量减少对学生的身体和心理伤害，不仅是事件本人，也包括其他同学。对突发事件的处理，既考验着教师的教学经验，也考验着教师的临场应变能力。

四、反思创新的能力

在教育教学工作中，我深刻感受到，教学中经常会遇到新问题、产生新挑战，这些新问题经常让我手足无措、陷入迷茫。比如新教师首要的任务是把知识讲清楚，但如何才能讲清楚？如何评价自己是否讲得清楚？如何调动学生的学习兴趣，把历史的知识性和趣味性结合起来？随着教学经验的增加，在慢慢学着把历史知识讲清楚之后，接下来应该如何培养学生的历史能力和历史素养？如何在历史学习过程中培养学生的社会责任感和历史使命感，做到"立德树人"？在工作的不同阶段，总会遇到不同的困惑，进入新的职业瓶颈期。

有一次，我跟海淀区教研员刘汝明老师交流，谈到了我的困惑。他说："说到底，历史学习究竟应该让学生经历怎样的思维过程，才能完成历史细节了解、概念形成、知识结构建构、学科方法规范体悟、历史认识提升、历史智慧迁移应用等。对于这些问题，需要静下心来想，用心去思考和实践。"他的话给了我很大启发，他提到的每一个问题，都是教学中可以逐步深入研究的问题，都值得我静下心来思考、创新和实践。

比如如何构建学生的知识结构？一般来讲，可以从两个维度入手：微观和宏观。从微观到宏观地学习基础知识，这个过程要精细，要把重要知识掰开了、揉碎了，把知识讲清楚，这样可以从一个知识点扩展到一节课的知识，到一个单元的知识，到整本书的知识；从宏观到微观地构建知识结构，这个过程要全面系统，要站在历史变迁的高度看一个历史阶段，站在一个历史阶段的高度看一个历史事件，这样对历史事件的定位才能准确。

教育的过程对教师而言，就是不断面对新问题、不断解决新问题的过程。对这些问题的思考，迫使教师不断反思自己的教学实践，提升自己的教学能力，改善自己的教学水准。在这个过程中，教师可以由近及远地进行教学反思：先反思一个教学环节的设计，然后反思一节课的设计，再反思一个单元的教学设计，从小到大，由微观到宏观，这样才能不断提升自己的教学能力，找到自己的发展空间，逐步实现教学创新。教师应该及时撰写教学反思，将自己的思考付诸笔墨，这样一则可以将教学过程和教学反思固化成文字，为日后的教学提供经验和教训，二则可以形成系统的教学反思，集腋成裘，记录教师的成长轨迹。正如那条著名的公式：成长 = 经验 + 反思。

五、运用现代信息技术的能力

随着科技的发展，信息技术越来越多地应用到中小学教育中。现在的中小学课堂，计算机和投影设备已经成为标配，其他的网络资源和多样化的信息技术也逐步走入越来越多的中小学校。网络和信息技术为教育教学提供了有力支持，成为中小学教育的必要补充。可以说，互联网和计算机技术深刻改变了中小学课堂，出现了翻转课堂、微课、云课堂等新的教学模式，使教学方式更加多元化。

在2020年新冠疫情期间，全国学生居家学习，网络课堂和空中课堂承担了极其重要的教育工作。北京市和海淀区教育管理部门邀请北京市和海淀区名师，依照教学进度，录制了丰富多彩的空中课堂，提供给学生观看学习。这种方式具有灵活多样的特点，学生可以感受不同教师的教育风格，接受全市和全区的优质教育，客观上推动了优质教育资源的推广和普及。

随着智能手机和平板电脑的普及，远程学习、网络学习会越来越普遍。将优秀教师的课程制作成微课，建成课程资源库，有利于教育的个性化和多元化。信息技术还有直观性强、易于互动共享等优点，因此，现代信息技术已经成为教师的必备能力。教师应该主动适应信息技术发展，主动学习应用信息技术，为课堂教学服务，提高教学效果。

随着网络技术的发展，备课资源的获取也变得十分便捷，但也出现了部分教师过度依赖网络资源的问题，有的教师从网上找来别人的课件，简单修改后就放到自己的课堂上去讲，"离开网络就不会备课"的问题日益凸显。为了解决这个问题，教师还应该具备不断学习的能力。无论是专业学习，还是教育经验，还是教育理念，教师都应该积极学习，提升自己的教学能力。

2014年教师节之际，习总书记到北京师范大学看望师生，进行座谈交流。他说："过去讲，要给学生一碗水，教师要有一桶水，现在看，这个要求已经不够了，应该是要有一潭水。"当前，教育领域正在发生一系列重大变化，教育技术广泛引入中学教学。但在这些变化的背后，教师应该有冷静的认知，信息技术只是教育手段，能够对课堂教学起到锦上添花的作用，但替代不了教师的专业素养和教育经验。教学目标的达成，要靠教师的讲授和启发；课堂活动的开展，要靠教师的组织和引领；教师的不断进步，要靠自身的反思和创新。所有这一切，都建立在教师对学生情况有充分了解的基础上。以上这些，都是新时代中小学教师应该具备的关键能力。

原文发表于《中国教师》2020年第12期，收入时略有增减

第三节　新时代师德培养的几点思考

习近平总书记曾经说:"一个人遇到好老师是人生的幸运,一个学校拥有好老师是学校的光荣,一个民族源源不断涌现出一批又一批好老师则是民族的希望。"他号召全国广大教师积极做"四有"好教师。当今中国和教育领域正在发生突飞猛进的变革,各种新模式、新理论层出不穷。学科核心素养和教育供给侧改革,正在引领教育变革。"经师易求,人师难得",师德建设是教育改革的重要内容,应该被置于非常重要的地位。

国家也颁布了相关规章制度,以规范教师的职业道德。《高等学校教师职业道德规范》(2011年)主要包括爱国守法、敬业爱生、教书育人、严谨治学、服务社会、为人师表;《中小学教师职业道德规范》包括爱国守法、爱岗敬业、关爱学生、教书育人、为人师表和终身学习等。尽管高等学校和中小学师德的内容不尽相同,但都突出了教师对学生的仁爱和培养,以及教师自身的专业发展,这也是中华民族传统师德观的延续和发展。关于增强师德建设,笔者认为可以关注以下几个方面。

一、要有一颗仁爱之心

教育包含两重意思:教和育。"教"主要是传道、授业、解惑,解决学生在学习过程中遇到的困难,培养学生独立学习和研究问题的能力;"育"主要是陪伴、呵护、关爱,要热爱学生,言传身教,在润物无声中培养学生的仁、义、礼、智、信,使他们真正成为诚信友善的社会公民。孔子的思想博大精深,但贯穿其中的核心思想就是"仁"。所谓"仁",就是爱人,要将心比心,关爱别人。

关于如何在教育实践中贯穿"仁"的思想,孔子和弟子曾参之间曾经有过一段精彩的对话。孔子说:"曾参,我的思想体系中贯穿着一个核心思想。"曾参回答说:"是的,先生。"孔子出去后,其他弟子问曾参,孔子的核心思想是什么。曾参说:"夫子之道,忠恕而已矣。"所谓"忠",就是尽己为人,自己承诺的事,要全力以赴地完成;所谓"恕",就是推己及人，要设身处地地为别人着想。

习近平总书记说："好老师应该是仁师，没有爱心的人不可能成为好老师。"要成为具备优秀职业道德的教师，就应该实践"忠"和"恕"，要以尽己为人的精神，忠诚于教育事业，兢兢业业为学生服务；要以推己及人的态度，尊重学生个性，学会换位思考，获得学生的情感认同。教师的教育理念不尽相同，但对学生的仁爱没有差别；爱的方式因人而异，但爱的目的完全相同。

教师有了仁爱之心，在教育实践中，就会对学生形成耳濡目染的效果。教师对学生有仁爱之心，学生就会用仁爱之心对待身边的人，就可以影响一个小群体，进而影响整个社会，推动构筑一种和谐的人际关系。教师的仁爱之心，就会形成一种涟漪效应。在这个涟漪效应中，师德是中心点。教师对学生的仁爱，会在学生的心中播撒下一颗善良的种子，在合适的温度和环境下，这颗种子会生根发芽，长成参天大树。《中国教育报》曾经对学生做过一次调查，主题是："你喜欢什么样的老师？"在学生的回答中，尊重、关心、公正、真诚、信任、微笑等名列前茅，这反映了教师的仁爱之心和高尚品德能够真正影响学生的一生。

二、要学会"有教无类"和"因材施教"

中国古代的西周时期，实行"学在官府"的教育制度，只有贵族才能接受教育，平民子弟很难有机会进入学校学习。对此，孔子提出"有教无类"的师德理念，他指出，人人都有通过教育而成材的可能性，无论是贵族还是平民，只要有志于学习，都应该进入学校接受教育。孔子的弟子达到三千人，其中贤能的有七十二人。这些学生既有出身贵族阶层的，如南宫敬叔、司马牛、孟懿子，也有来自卑微的平民家庭的，如颜回、曾参、闵子骞、子路等。这些来自平民家庭的学生珍惜学习机会，发奋攻读，很多都成为著名的学者。

习近平总书记说过："世界上没有两片完全相同的树叶。"每个学生的天性不同，天赋也不同，有的孩子擅长理性分析，有的孩子擅长感性想象，有的孩子热情奔放，有的孩子低调内敛。教师要始终抱有"有教无类"之心，不能因为学生的个性有差异就区别对待，不能歧视学生，而是应该关注每一个学生，引领他们健康成长。

当然，教师要做到"有教无类"，不是对所有的学生"一刀切"。教师要关注学生个体差异，了解学生的个性特点和不同需求，并采取针对性的教育措施，实现"因材施教"，这也是师德的重要体现。孔子较早提出了"因材施教"的教育理念并付诸实践。有一次，公西华和孔子在一起，子路匆匆走来，向孔子请教："先生，如果我听到一种正确的主张，可以立即去施行吗？"孔子缓缓地说："你的父亲和兄长都在，你应该先去咨询他们的意见吧，怎么能马上就去做呢？"子路刚刚离开，冉有随后进来了，恭恭敬敬地问："先生，我要是听到正确的主张，应该马上去做吗？"孔子立即回答说："是的，你应该去做。"公西华一脸不解，就问孔子："先生，子路和冉有问了同一个问题，你的回答为什么完全相反呢？"孔子笑了笑，说道："子路性格鲁莽，逞强好胜，做事考虑不周全，我劝他多听听别人的意见，三思而后行；冉有性格谦逊，做事犹豫不决，所以我鼓励他要果敢决断，敢想敢干。"

这个"因材施教"的故事流传很久，对我们今天的师德建设依然具有重要的启示意义。在教学实践中，老师们可能会有这样一种体验：成绩好的学生，容易成为教师关注的焦点；成绩不理想的同学，就不受关注，甚至可能被边缘化。如果从学生的一生来看，在校期间成绩优秀的孩子未必能成长为国家栋梁，反而容易出现人际交往能力差的问题。因此，教师在教育教学工作中，应该根据学生的特点，提供多元化的教学方式。对于学习成绩好的孩子，应该多鼓励他们参加集体活动，增强他们的团队合作意识和交往能力。对于成绩不好的孩子，多引导他们主动学习，培养学习兴趣，改善学习策略，形成自己的优势学科，树立学习信心，养成主动调节的能力。

教师就像一个花匠，班级就像一座花园。花园中的花朵开放时间是不同的，腊梅在寒冬绽放，桃树和杏树在三四月盛开，牡丹和玉兰在五月开放，还有很多花在盛夏争奇斗艳。我们不能只歌颂寒冬的腊梅，而忽略了其他花朵。只要浇水施肥得宜，并给予足够的耐心和呵护，花朵迟早都会怒放。

三、积极提升教师自身的专业素养

当今时代,信息技术和网络技术飞速发展,学生获取信息和知识的途径更加多元化和便捷化,足不出户就可以纵览天下大事,那还需要学校和老师吗?答案是肯定的。无论社会如何变化,教师这个职业始终会存在,因为网络能提供给学生具体的知识和信息,但提供不了内在的素养和能力。学生的能力是在师生互动、生生互动中培养的,思维的火花是摩擦碰撞出来的,这离不开教师的引领和启发,离不开教师的言传身教。

学校是教书育人的场所,是提升学生素质和能力的地方。学生到学校来,不仅是为了得到尊重和关爱,更希望得到知识和能力。学生在学校受到的教育、培养的能力,要能够支撑他在社会上谋生和发展。因此,一位职业道德优秀的老师,既要懂得关爱学生,还应该具备较好的专业素养,在知识和能力上更好地引领学生,为学生以后的发展奠基。习近平指出:"扎实的知识功底、过硬的教学能力、勤勉的教学态度、科学的教学方法是老师的基本素质,其中知识是根本基础。"应该说,师德的一个重要组成部分就是教师的专业素养。教师的专业知识和学术素养,在很大程度上决定着学生的能力。同时,教师的专业素养也可以在教学中得到提升。《礼记·学记》中指出:"学然后知不足,教然后知困。知不足,然后能自反也;知困,然后能自强也。故曰:教学相长也。"

教师的学科专业素养是从事教育工作的前提条件。教师要爱岗敬业,要培养学生的综合素养,不仅要有献身教育的职业理想,还必须致力于提高自己的专业素养,严谨治学,成为一名胜任教育工作的优秀教师。为了提升自身的专业素养,教师应该从以下两个方面努力:

1. 密切关注本专业学术动态和学术前沿

以前我们认为,教师要给学生一碗水,自己有一桶水就可以了,有的教师甚至很多年不更新备课本。现在,这种做法已经完全过时了。当今社会,学术研究日新月异,新成果、新发现、新理论层出不穷,这些新的学术成果必然会反作用于中学教学,不断更新中学教学的知识体系,提升中学教学的专业水准。例如,现在"学科核心素养"已经成为教育改革的方向，各学科都在研究基于本学科的核心素养，关注培养学生的逻辑思维和实践能力，引导学生将理论和实践结合起来，达到学以致用的学习目的。这就对传统的学科教学形成了巨大挑战，对于传统的教学模式也是一个很大的挑战。教师积极提升自身的专业素养，是应对这个挑战的不二法门。

为了提升专业素养，教师应该对当前学术发展前沿保持较强的敏感度，关注学科专业发展。当前，教师提高学术素养的主要方式有：阅读专业书籍刊物、关注学术网站、参加学术研讨会、教研组集体备课等。随着出版技术的发展，专业图书的更新越来越快，教师应该及时阅读学术著作，多读书、读好书，及时更新自己的学术体系；同时，随着信息技术的发展，知识的传播速度越来越快，教师应该关注浏览学术网站，了解学术发展动态，跟踪学术前沿。除了阅读图书期刊和浏览网站获取信息外，教师还应该积极参加学科专业培训和学术研讨会。一般来说，学科培训和学术研讨会汇集了当前学术发展的一些前沿成果，通过参会学习并与专家互动交流，可以拓展教师的专业思维。此外，学科教研组内应该定期组织集体备课，通过分享交流，实现教师之间相互启迪、相互影响的良性互动。

2. 教师应该关注不同学科的关联性和综合性

当今社会，一方面学科分化越来越细，新的学科分支日益涌现，但另一方面，学科之间的关联性越来越强，知识的综合性越来越深，跨专业的现象越来越突出。具体表现是，对很多问题的认知无法基于单一特定学科，而是强调综合多学科，才能更全面地认识和解决问题。物理、化学学科的学习，离不开数学学科的进步，历史、地理和政治学科的综合性也越来越强。例如，历史教师要想讲清楚西方思想的发展演变，就必须熟悉西方哲学史，对苏格拉底、柏拉图、亚里士多德、阿奎那、弗兰西斯·培根、休谟、康德了如指掌，对智者学派、犬儒学派、伊壁鸠鲁学派、基督教、德国古典哲学如数家珍，否则对西方思想史的讲解就缺乏深度，讲不清楚、讲不透。因此，习近平总书记说："过去讲，要给学生一碗水，教师要有一桶水，现在看，这个要求已经不够了，应该是要有一潭水。"虽然中学教师不必具有大学教师的学术深度，但一定要具有学术广度，具备宽阔的学术视野，具备扎实的专业功底，只有这样，才能既"授之以鱼"，又"授之以渔",培养学生自身的能力和素养。

  为了提升综合性思维,教师要具备跨学科的综合能力。当然并不是要求教师掌握各学科的专业知识,而是要求教师了解各学科的一般性常识,关注各学科的发展现状,养成比较宽广的思维视野。为了实现这个目的,教师可以尝试跨专业阅读。历史教师要阅读哲学、文学、政治和地理类图书;政治教师也要阅读历史、文学类图书;理科的教师可以阅读社会学科类书籍;文科的教师也应该阅读科普类书籍。通过跨专业阅读,扩展教师的学术视野,提高教师的思维品质。同时,不同学科的教师可以尝试开展集中研讨交流,可以提前确定跨学科的研讨主题。在集中研讨时,由各学科教师从不同专业进行阐释,起到相互交流和启发的效果。也可以定期召开主题读书研讨会,提前确定一本图书,大家共同阅读,从各自专业角度分享读书感想,也可以起到相互交流的作用。

  教育,是人和人的互动,说到底是一群具有一定知识、能力和视野的成年人与一群单纯、活泼和多元的未成年人的互动。在这个互动中,成年人是否具有仁爱之心,关系到未成年人的心理健康;成年人是否能根据学生个性给予有针对性的教育,关系到未成年人的能力培养。当然,整个教育互动展开的前提就是,教师的个人素养和能力是否达到了启发教育学生的水准。因此,对于教师而言,努力提高自身的专业素养,是一个不可回避的核心问题。

  当今教育变革日新月异,有人说,当今社会唯一不变的就是一直在变。对于教育来说,既在不断变革,也需要传承延续。传统教育能够为我们提供很多宝贵的教育经验,古往今来的很多教育理念也是当今教育发展的思想宝库,对此,我们应该给予足够的重视。

原文发表于《中国教师》2018 年第 3 期,收入时略有增减

第四节　核心素养引领下的高中历史教学浅探

2012年,《南都周刊》发表了一篇对原中国社会科学院美国研究所所长、博士生导师资中筠的访谈录,题目是《资中筠：中国教育不改变,人种都会退化》。

资中筠指出,在中国的所有问题中,教育问题最为严峻,中国现在的教育,从幼儿园开始,传授的就是完全扼杀人的创造性和想象力的极端功利主义。她充满忧虑地指出,如果教育再不改变,中国的人种都会退化,"这个过程,就像退化土豆一样"。字里行间无不充满着对中国教育现状的担忧和培养学生独立思考意识的期盼。她所认为的"启蒙",是要恢复用自己的头脑按常识和逻辑来思考问题,因为国人已不同程度地丧失了独立思考的能力。

资中筠关注对人的启蒙的问题,她认为,启蒙就是培养人独立价值判断的能力,简而言之,就是让人独立思考、理性判断。其实,当前我们现在最缺的资源,不是有形的物质,而是无形的道德传承,是重塑民族的人文素养。历史学科核心素养的提出,正逢其时。将核心素养作为中学历史教育的目标,是教育工作者深刻反思当前教育现状后,对教育规律的回归。

下面结合我个人在教学过程中的做法,谈谈自己对核心素养的一些实践和感想。

一、关注核心素养的内涵

《普通高等学校招生全国统一考试说明》中提出了文科综合四项能力,分别是：获取和解读信息、调动和运用知识、描述和阐释事物、论证和探究问题。这是考纲对学生能力提出的整体要求,也是高中历史教育的指向标。在此基础上,为了培养学生的综合素养,我们针对本校学生的能力和特点,制定了操作性更强的能力标准。

1. 获取和解读信息

我们将该能力确定为审题能力。学生审题不清，匆匆阅读材料，匆匆读题，匆匆作答。这种做法往往导致下笔千言、离题万里。因此我们强调学生要先详细审读题干，明白题目考查的内容，再带着问题阅读材料，提取相关信息，并对材料中的有效信息进行分析和归纳。

2. 调动和运用知识

我们将该能力确定为迁移能力。建构主义的核心理念就是"同化"和"顺应"，这符合学生的认知规律。近年高考题采用新情境、新问题作为载体，以课本知识作为依托，考查学生综合运用知识解析问题的能力。对历史学科而言，学科能力不可能脱离学科知识而独立存在。但如果只是止步于掌握知识，那也不足以应对高考。知识要落实到高考试题上，就需要学生将所学知识与试题建立正确的联系，从知识体系中选择合适的知识点进行解答。

3. 描述和阐释事物

我们将该能力确定为表述能力。每一学科有自身的语言系统和表述方式，恰当的表述方式需要学生具备较为完善的知识体系作为依托，同时学生还要善于从知识体系中选择合适的语言，结合材料进行阐释和解读。

4. 论证和探究问题

我们将该能力确定为理解能力。该能力要求学生恰当理解题意，综合运用学科知识，利用归纳、概括、比较、演绎等方法分析问题、解决问题，这也是在培养学生独立思考、理性分析的能力。

如果仔细分析考试说明中的这四项能力要求，可以发现，它们和历史学科核心素养有异曲同工之妙。获取、解读信息和调动、运用知识对应时空观念，描述和阐释能力就是历史解释，论证和探究问题就是史料实证，在所有这些能力中，总会贯穿历史价值观，这也是高位的历史引领。历史学科核心素养只是将文综四项能力细化了，其核心并没有发生明显变化。

二、夯实基础，提升能力

确立明确的方向和目标后，我们要将对历史学科核心素养的理解应用于历史教学。虽然当今高考考查方式越来越灵活，但考查学生核心能力的宗旨并没有发生变化，历史基础知识依然在考试中发挥着特别重要的作用，只不过考查方式由以前的直接考查变为间接考查。无论高考形式如何变化，都万变不离其宗，这个"宗"就是历史知识和历史素养。

在具体学习过程中，我们引导学生从微观到宏观学习基础知识，从宏观到微观构建知识结构。举例来说，学习中国古代史时，我们这样引导学生：

一节课的结构（秦汉经济），如表3-4-1所示。

表3-4-1 一节课的结构（秦汉经济）

农业	农具和耕作方法	
	技术	
	水利	
手工业	冶铁	
	制瓷	
	纺织	
商业	政策、原因、表现和结果	
	商业概况	
	对外贸易	

一个单元的结构（学生整理），如表3-4-2所示。

表 3-4-2　一个单元的结构（学生整理）

两汉时期大事概要

朝代	时间/都城	政治			经济	文化
		制度事件、法律教化、户籍赋役、基层治理	民族关系	对外关系		
西汉	前202年—公元9年 长安	文景之治：汉初遵奉黄老无为思想，与民休息；汉初郡国并行；景帝削减诸侯封地，引发七国之乱，后平定 法律：《九章律》《二年律令》；汉武帝以后经以注律 户籍：百姓编入户籍，成为编户齐民 赋役：人头税（口赋、算赋），财产税（车船征税、算缗）；更卒正卒戍卒 救济优抚：常平仓、鸠杖 西汉的强盛/汉武帝采取的措施： ● 政治上推恩令削弱诸侯王势力；设立中朝，削弱相权；选官察举制（常科和特科）；监察设13个州刺史进行巡视监察；上计；打击豪强 ● 经济上铸币权收归中央；盐铁官营；均输平准；对工商业者征收财产税 ● 思想上尊崇儒术，确立儒学正统地位	统一多民族国家巩固： ● 汉初匈奴多次侵扰，汉采取和亲政策； ● 汉武帝任用卫青霍去病三次大败匈奴，夺取阴山以南和河西走廊，设武威、酒泉、张掖、敦煌河西四郡； ● 公元前60年设西域都护府； ● 对东南和西南地区有效控制； ● 东北设护乌桓校尉； ● 边疆推行屯戍政策； ● 设大鸿胪管民族事务	四条丝绸之路 ● 张骞出使西域，开辟中西道路，此后形成陆上丝绸之路，经河西走廊向中亚西亚延伸； ● 海上丝绸之路从合浦徐闻县出发到印度南部； ● 草原丝绸之路从大漠北草原或西伯利亚到欧洲或小亚细亚； ● 西南丝绸之路从关中平原入蜀，向西进入缅甸和印度再任中亚西亚	农业： ● 西汉龙首渠； ● 铁犁牛耕成为主要耕作方式 手工业： ● 纺车、提花机； ● 水排 商业： ● 契约较为广泛； ● 东（朝日）南（印度洋）两条航线； ● 丝绸之路贸易通道	思想：儒学成为正统；佛教传入，道教产生 历史学：西汉首创纪传体通史《史记》——第一部纪传体断代史 东汉《汉书》 文学：汉赋、《黄帝内经》 医学：奠定中医理论基础 东汉《神农本草经》第一部药物学专著；华佗精通外科手术，创制麻沸散；张仲景《伤寒杂病论》提出辨证施治，奠定中医临床学基础 数学：《九章算术》 公元105年蔡伦改进造纸术

续表

朝代	时间/都城	政治			经济	文化
		制度事件，法律教化，户籍赋役，基层治理	民族关系	对外关系		
王莽"新朝"	公元9—23年	外戚王莽建立政权，改革激化矛盾，绿林赤眉起义推翻王莽政权				
东汉	公元25—220年/洛阳	光武中兴：刘秀加强皇权（尚书台为新中枢）；整顿吏治：裁并郡县节省开支；清查垦田户口数量；重视儒学 中后期政治：外戚宦官交替专权，政治官员和士人清议被镇压，出现党锢之祸；州成为一级行政机构，内轻外重；豪强大族势力强大 公元184年张角创立太平道，发动黄巾起义，出现军阀割据	南匈奴内迁汉化；公元89年窦固北击匈奴，取胜后刻铭燕然山	公元97年甘英出使大秦，到达波斯湾；光武帝赐倭国金印		

古代史阶段特征（表 3 – 4 – 3）。

表 3 – 4 – 3　古代史阶段特征

朝代	政治	经济	文化
先秦			
秦汉			
魏晋			
隋唐			
两宋			
元明清			

经过这样从微观到宏观、再由宏观到微观的学习，学生既能掌握知识点，又能将知识体系了然于胸，既见树木，又见森林。我们不能预测未来的考试内容，但我们可以用牢固的知识体系，应对考试中遇到的新问题、新情境。

三、理解比记忆更重要

在记忆具体知识点的过程中，我们认为理解比记忆更重要。理解历史事件的来龙去脉，建立历史事件之间的关联，有利于加强对历史的认知，培养时空观念和历史价值观。

如何用所学知识解析新材料、解答新问题？新材料层出不穷，新题型变换不断，要解决新问题，就要"以不变应万变。"我认为，不变是指对知识的深入挖掘，需要学生彻底理解知识，像庖丁解牛一样对知识有系统、全面和深入的认知。

什么是"理解"？

我们对"理解"这个词的理解是，学生可以用不同语言、不同表述方式对历史现象和历史知识进行多维度的描述，也就是说，当学生所了解的事物在一个全新的情境下出现时，学生仍然能够揭示其本质。如果能够做到，说明学生已经基本理解了概念，基本把握了知识。

举例来说，在刚入职时，我讲授工业革命的内容，是按照教材照本宣科地分为"工业革命的背景""工业革命的进程""工业革命的特点""工业革命的影响"四个部分，教师讲得无趣，学生听得乏味。现在，我对这种讲课方式进行了调整。汉语的概念包含了丰富的内涵，何不从解读"工业革命"这个概念入手？我首先引导学生分析"革命"的含义。简单来说，革命意味着根本性变革。那么"工业"呢？提起工业，学生们都能想到"机器"。在使用机器之前的中世纪，人们大都依靠"手工"。从"工业革命"这个概念入手，学生能总结出工业革命的重要表现，就是从手工生产到机器生产，这属于技术变革。使用机器，就要建造厂房，雇佣工人，把工人集中起来进行生产，这样就使生产场所发生变化：由工场发展成工厂。技术的变革和生产场所的变化，二者构成了工业革命的基本内涵。

接下来，我请学生思考：要设立工厂，需要哪些条件？学生仔细想想，能总结出：资金、技术、原料、市场、工人和政策保障。这些要素其实就构成了工业革命的背景。最后，我从"工厂"入手，引领学生思考工厂普遍设立会造成哪些影响。有的学生说工厂需要大量工人，使人口从农村向城市移动，加快城市发展；有的学生说工厂大量设立，对原料和市场的需求增加，资本主义国家开始在全球范围内争夺原料和市场，推动世界市场的发展；有的学生说，大量工厂使用煤炭作为燃料，污染了环境等。学生从正反两个方面对工业革命进行了梳理。从"工业革命"这个核心概念入手，引导学生条分缕析、层层深入，比起教师一言堂，效果自然要好。

四、授之以鱼，不如授之以渔

我们认为，任何教育教学都应该着眼于培养学生独立分析和判断的能力。在具体教学过程中，我们尊重学生认知规律，引导学生独立思考，培养学生史料实证的能力，启迪他们依据已有资料进行独立的历史解释，这比教给他们固化的知识更重要。

2013年，我受学校委派，带学生前往美国学习听课。我们先后参观了哈佛、麻省理工、耶鲁等世界名牌大学。在麻省理工，我邂逅了一位美国小学霸。我们看看美国"小学霸"是怎么炼成的。

这位美国"小学霸"当时在参加麻省理工组织的青少年科技夏令营。

他团队的任务是制作麻省理工的木质校徽。我看到他时，他正在用软件设计校徽形状，以便进行激光雕刻。

设计过程中，他要动手查阅相关图书，获取相关知识。在操作过程中会产生对知识的需求，进而产生学习的动力。"小学霸"还要时不时地跟教授交流，向他请教，不断修正自己的想法和做法。几天后，我们再次前往麻省理工，他们已经完成了校徽的制作。校徽周围环绕着闪烁的发光二极管，还设有激光感应装置，用手触摸，会奏出美妙的音符。

动手实践，在实践中摸索方法，寻求路径，查阅资料，在这个过程中，教师进行适当引导，这是理科的思维。这种思维也可以迁移到文科学习中。

在讲授苏格拉底时，我尝试用这种思维进行了教学。

关于苏格拉底的生平，我进行了简单介绍。苏格拉底是雕刻家之子，在他壮年时期，雅典民主制面临危机，社会道德滑坡，公民各行其是，政客摇唇鼓舌，法庭审判不公，雅典犹如一匹驽马。苏格拉底深为不满，将满腔学识用于拯救雅典民主制危机。他把自己形容为一只牛虻，整天不停地刺痛雅典人，唤醒公民的道德意识，揭露人们内心的无知和虚伪。

公元前399年，苏格拉底被人一纸诉状告上法庭，罪名是不承认国家公认的神而引入新神，更大的罪是腐蚀青年。最后，他被判处死刑。一般来说，讲完苏格拉底的生平，说说他的思想，这节课就可以完成了。

但在讲述完苏格拉底的生平后，我提出了三个问题：

第一个问题，谁杀死了苏格拉底？

针对这个问题，学生们展开了激烈的讨论。有的人说是陪审法庭判处苏格拉底死刑，有的人说是起诉苏格拉底的人将他迫害致死，还有的同学说是苏格拉底自己杀死了自己，是由于苏格拉底坚持不懈地揭露雅典人内心的虚伪和无知，才激怒了雅典人，以至于被判死刑。

至此，我给学生展示了两段材料：

苏格拉底真正的敌人并不是起诉他的人，而是社会习俗、宗教信仰及大众内心的恐惧。

为传统所束缚的群众的本能起来反对一个具有卓越智慧力量的人。

在思想的广度和深度方面，苏格拉底明显领先于当时的人。苏格拉底的做法动摇了他们内心的传统意识和固有成见，引发了思想的混乱，被传统思想束缚的社会群体对他感到集体恐慌。因此，他们发自本能地对苏格拉底进行还击，力图通过杀死苏格拉底，维持他们的传统和文化。所以说，是传统文化杀死了苏格拉底。

我又抛出第二个问题：苏格拉底之死反映了雅典民主制的哪些特点？

从审判程序看，雅典既平等又民主。当时几乎每一个成年公民都可以享受充分的民主权利。法庭审判员是随机产生的，判决则通过秘密投票的方式进行，这种程序是非常民主的。但是这种民主就一定会带来结果的公正无私吗？我展示了一段材料：

"想参加陪审团的公民按先后次序依次进入，直到既定的人数到齐为止……开庭审理前，陪审员对案件一无所知，他们了解整个案情、进行判决的唯一依据是诉讼人的演说陈述。"

国家事务的管理，需要专门的人才，现代民主国家就是将国家事务委托给专业管理人员。但在雅典，由于民主泛滥，一切公民都可以担任国家管理者。就审判案件而言，他们既不熟悉浩繁的法律条文，又无从全面了解复杂的案情，仅仅依靠诉讼人的演说陈辞。虽然每一个公民陪审员都可以直接投票决定案件结果，体现了直接民主，但是这样的审判过程很难保证审判结果公正无私。

随后，我提出了第三个问题：程序的民主为什么不一定能实现决策的公正？

为了帮助学生更好地认识理解这个问题，我给学生展示了一个故事：

公元前415年，雅典海军远征西西里，被斯巴达歼灭，从此丧失海上优势。这次冒险远征的决定是由公民大会通过的，但公民是被主战派领袖欺骗和利用了的。他们说，金库和神庙中有大量金钱储备能用，有把握打胜仗。而事实情况与此完全相反。

雅典的民主制有很大的局限性，全城20多万人口中，仅有4万公民，大部分都是农民和手工业者，他们忙于养家糊口，无暇参加频繁的政治活动，其参政能力很难满足民主政治的需要。让缺乏行政能力的农民和手工业者掌握实际权力、决定军国大事、判决他人的生死，结局是可以预料的。正如苏格拉底所说的："用豆子拈阄的办法来选举国家的领导人是非常愚蠢的。没有人用豆子拈阄的办法来雇佣一个舵手或建筑师或吹笛子的人……

而在这些事上如果做错了的话,其危害要比在管理国务方面发生的错误轻得多。"

由于缺乏执政能力的公民掌握了国家权力,因此类似苏格拉底之死的惨痛教训在雅典并不罕见。托克维尔在检讨法国大革命的重要著作《旧制度与大革命》里也有精彩论述,他说:"没有充分准备的人民自行动手从事全面改革,不可能不毁掉一切。"

我问学生:"谁想要古希腊式的民主?"学生都摇摇头。最后,我点出这样一句话:要真正实现民主,必须造就有能力、有思想、有理智、有策略的公民群体,由健全的公民群体引导社会走向民主,这是建立公民社会的不二法门。一味抱怨、发牢骚,不仅无益于发展民主,反而会危害到民主。如果不储备足够的知识,培养足够的素养,等民主实现时,你是否有能力享受民主?

我希望通过分析苏格拉底之死,通过材料的引领,让学生对苏格拉底的认识、对古希腊民主制的认识更加深入,并引申到今天的社会生活,使他们认识到什么是民主、怎样推动民主,进而培养他们独立的思维和视野,以及独立分析社会现象的能力。当然,启蒙意识的培养对教师的专业素养也提出了更高的要求。

五、以深厚的专业知识引领教学

我们不能否认,在当前的教育体制下,教师视野的决定着学生视野的高低,教师思路的决定了学生的思路广狭。在教学过程中,应该尽可能详细地把史实的来龙去脉讲解清楚,把历史还原成具体的史实和过程,而不是单单讲述生硬的知识。学生只有很好地理解了历史过程,才能培养历史理解、历史解释和历史价值观,这需要全面、深厚的专业知识作为铺垫。

对历史教学而言,既要讲出历史的味道,还要有历史的厚度,这要求教师要厚积而薄发。朱熹说:"问渠那得清如许,为有源头活水来。"活水源头就是学科和学术前沿。以广博的专业知识带动教学,以深厚的学术素养引领教学,就应多读书。

举例来说,为了全面讲解苏格拉底,我翻阅了《世界史·古代史编》

《西方哲学简史》《希腊思想与文化》《苏格拉底的申辩》等数本书。在讲课过程中，我讲述了苏格拉底的生平及成长环境、牛虻的故事、德尔菲神庙的启示、隐士和熊的故事、苏格拉底与人聊天的记录、苏格拉底之死的细节、洞穴的比喻等，用有趣的故事把苏格拉底的生平和思想勾勒出来，从多角度阐释苏格拉底，引导学生透过苏格拉底分析问题，思考社会和人生。

有时，我也会把课堂从教室搬到室外的招凉榭，或是搬到图书馆，让学生们围绕主题，自由查阅图书，分组讨论，效果也很好，学生也很喜欢。

历史学科核心素养一定不是高高在上的空洞理论，而是建立在我们已有教学实践基础上的理论升华。要培养学生的核心素养，我们就要从课堂做起，从日常教学做起，一边依靠理论引领，一边进行实践修正，将核心素养理念贯穿于每一堂课中，从细微之处入手，以达到"润物无声"的效果。正如佐藤学在《静悄悄的革命》中指出的："从一年做一次法国大菜的教师，变成每日三餐过问柴米油盐，并能做出美味菜肴的教师"

第五节　循序渐进　环环相扣
——历史学习"四步法"

高中选考历史后，很多同学都会思考这样的问题：历史应该怎么学？如何既取得优异成绩，又提升历史能力和素养呢？

要想解决这些问题，首先要弄明白一个关键问题：历史考试考什么？对于这个问题，2017年颁布、2020年修订的《普通高中历史课程标准》做出了明确规定，那就是历史学科的五大核心素养：唯物史观、时空观念、史料实证、历史解释、家国情怀。唯物史观是揭示人类社会历史客观基础及发展规律的科学的历史观和方法论。时空观念是在特定的时间联系和空间联系中对事物进行观察、分析的意识和思维方式。史料实证是指对获取的史料进行辨析，并运用可信的史料努力重现历史真实的态度与方法。历史解释是指以史料为依据，对历史事物进行理性分析和客观评判的态度、能力与方法。家国情怀是学习和探究历史应具有的人文追求。[1] 在这五大核心素养中，时空观念、史料实证和历史解释是关键能力，是历史学科考察中的显性要求；唯物史观和家国情怀是正确价值观念，是历史学科考察中的隐性要求，一般不单独命题，但是会渗透、贯穿在试题中。

只要透彻理解了历史学科核心素养的要求，并且在日常教学中有意进行渗透和培养，经过高中阶段的学习，学生既可以搭建起扎实的知识结构、在等级考中取得优异成绩，又可以提升历史能力和素养，兼得鱼和熊掌。

那么要如何在教学中落实历史学科核心素养呢？笔者根据多年从事历史教学的经验，总结出了历史学习"四步法"。在此分享出来，敬请读者指正。

一、认真听讲　理解知识

皮亚杰建构主义理论的核心是以学生为中心，强调学生对知识的主动

---

[1] 中华人民共和国教育部. 普通高中历史课程标准（2017年版2020年修订）[M]. 北京：人民教育出版社，2020.

探索、主动发现和对所学知识意义的主动建构。建构主义认为，知识不是通过教师传授得到的，而是学习者在一定的情境即社会文化背景下，借助其他人（包括教师和学习伙伴）的帮助，利用必要的学习资料，通过意义建构的方式而获得的。

当前历史考试的特点可以归纳为"三新"：新材料、新情境、新问题。命题人通过挖掘新材料，为学生设置新情境，在新情境中提出新问题，借此考察学生理解和应用所学知识的能力。

《普通高中历史课程标准》明确提出要"重视以学科大概念为核心，使课程内容结构化，以主题为引领，使课程内容情境化，促进学科核心素养的落实"。[①] 这段描述中应该引起我们重点关注的内容有"学科大概念""课程内容结构化""课程内容情景化"和"核心素养"。这些都是历史学习需要培养的关键能力和素养，也是命题人重点考察的方向。

如何培养学生应对"三新"的能力呢？笔者认为，课堂是关键所在。虽然现在对历史学科的考察越来越灵活，但万变不离其宗，最根本的还是考察学生对历史知识的理解和应用。所谓理解，就是可以用不同表述方式，对历史现象和历史知识进行多维度的描述，并且该事物在一个全新的情境下出现时，仍然能够揭示其本质。学生要想真正理解知识的内涵，单靠自己阅读教材是无法实现的，必须依靠教师在课堂上的讲解，这是学生理解知识的关键步骤。

在历史课堂实践中，教师一般会以典型材料为切入点，带领学生分析材料、提取信息、归纳整合，这样就可以在史料构建的语境中，引领学生深入理解历史概念的内涵。例如，在讲授《中外历史纲要》（上）第2课"诸侯纷争与变法运动"第二子目"商鞅变法"时，笔者一般会引用《史记·商君列传》的一段原文：

（商鞅）令民为什伍，而相牧司连坐。不告奸者腰斩，告奸者与斩敌首同赏，匿奸者与降敌同罚。民有二男以上不分异者，倍其赋。有军功者，各以率受上爵；为私斗者，各以轻重被刑大小。僇力本业，耕织致粟帛多

[①] 中华人民共和国教育部. 普通高中历史课程标准（2017年版2020年修订）[M]. 北京：人民教育出版社，2020.

者复其身。事末利及怠而贫者，举以为收孥。宗室非有军功论，不得为属籍。明尊卑爵秩等级，各以差次名田宅，臣妾衣服以家次。有功者显荣，无功者虽富无所芬华。

……集小乡邑聚为县，置令、丞，凡三十一县。为田开阡陌封疆，而赋税平。平斗桶权衡丈尺。行之四年，公子虔复犯约，劓之。居五年，秦人富强，天子致胙于孝公，诸侯毕贺。

——《史记·商君列传》[1]

学生阅读这段史料后，可以从政治、经济、军事、社会等多角度进行解析，整合相关信息，进而梳理出商鞅变法的内容及影响。这种做法可以让学生直接接触原始史料，同时，教师手把手地教给学生分析史料的方法，可以逐步培养学生解读史料的能力。

通过提供典型史料，还原在当时的时代背景和语境下的历史知识，对于帮助学生深入理解能起到事半功倍的效果。这样的历史学习不是由教师简单地把知识传递给学生，而是由学生自己建构知识体系、梳理概念内涵，其学习效果不可同日而语。

当然，要想整理出契合授课内容的典型史料集，需要历史教师长期地阅读专业书籍，更需要集体备课、群策群力。一个人的阅读能力毕竟有限，而史料是无限的，这就需要同一备课组的老师们共同分享教育智慧了。笔者所在的北京一零一中学历史组向来重视组内老师的集体备课。在学期初，组内老师会做好分工，每人负责不同单元的备课工作。在每周的固定时间，大家还会共同备课。一般由负责某单元的老师介绍单元设计、重难点，分享最新的学术观点和典型史料，在此过程中，大家一起讨论、交流，最后形成比较成熟完整的资料包，包括教学课件、默写片子、学案和课后阅读材料。这个资料包就构成了老师们教学最核心的资料。

二、整理笔记　内化知识

上课认真听讲、理解核心概念，是学好历史的第一步。内化知识、建

---

[1] 司马迁. 史记·商君列传［M］. 北京：中华书局，1982.

立自己的知识体系，是学好历史的第二步。我的经验就是学生一定要整理笔记、认真背书。

现在历史课上讲的知识比较多，上课节奏非常紧凑，学生在课堂上最重要的任务是听课、理解知识和概念，几乎没有时间整理笔记。但如果不能当天及时整理笔记，按照艾宾浩斯遗忘曲线，一天后，所学知识就只剩下原来的 33.7%。能当天及时复习所学知识的学生，记忆率远远高于当天不复习的学生。

建构主义认为，儿童与环境的相互作用涉及两个基本过程："同化"与"顺应"。同化是指把外部环境中的有关信息吸收进来，并结合到儿童已有的认知结构（也称"图式"）中，即个体把外界刺激所提供的信息整合到自己原有认知结构内的过程。学生上课接触的新知识就是外界刺激，课后整理笔记的过程就是吸收并整合到自己已有的认知结构内的过程。也就是中国古人所说的"温故而知新，可以为师矣"。

2023 年高考结束后，我请当时的高三学生写下自己学习历史的经验，学生们都提到了整理笔记的重要性。其中张同学写道："我们整理笔记的时间在每天放学后，花上 20 分钟左右把当天历史课涉及的知识总结成笔记，这样既能提高上课时的专注程度，又能在课后巩固一遍。最重要的是积攒下来的笔记会成为后期非常重要的复习资料。总有人觉得写笔记没用，但实际上写笔记的过程也是让知识再过一遍脑子，多多少少会留下一些印象。"

总体而言，课后当天整理笔记，好处有三：第一，可以温习当天所学的知识，在遗忘之前，加深对知识的理解和记忆；第二，可以通过整理笔记，建构自己的知识体系，将外在的知识内化为自己的知识，这是学好历史的前提和保证；第三，通过对知识的复习和思考，多问"为什么""怎么样"，可以进一步增强对知识的内涵和外延的理解。

为了帮助学生记忆，我们也会按照知识结构编制默写片子，一方面可以引导学生按照知识结构整理笔记，另一方面可以用默写的方式督促学生背诵，深化对知识的理解和记忆。学生只有具备了扎实、系统的知识结构，熟练掌握了历史语言，才能更加深刻地理解和应用知识。须知，历史的能力和素养绝不会建立在知识贫乏的土壤之上。

三、精选精练 应用知识

掌握知识是基础，应用知识才是目的。为了更好地应对考试，我们应该做到两点：精选例题和精练试题。

1. 精选例题

这是教师的工作，教师应该精心挑选典型例题，供学生练习和分析。历史学科不同于理科，不需要大量做题，但选择典型例题进行练习是必要的，可以培养学生理解和应用知识的能力。做题可以将教、学、评有机结合，促进学生的自主学习和探究，提高实践能力，培养创新精神。

教师在选择例题时，应该优先选择比较成熟的例题。笔者在挑选例题时，一般会优先选择北京市的历届高考题和海淀区、西城区、东城区的高三模拟考试题，有时也会从全国卷和各省自主命题中选择质量较好的试题。这些题目都是由北京市和各区乃至全国的命题专家集体打造的，经过反复打磨，紧跟命题特点和趋势，练习效果较好。

教师在选择例题时，还应该基于学生的学习能力，围绕命题特点，由浅入深。笔者在高二阶段时，一般会选择常规性例题，比如概括、对比、简述等题型，着重锻炼学生分析材料、提取信息的基本能力。到了高三阶段，会逐步提高难度，增加新题型，比如分析、说明、评述、解读等，可以培养学生整合信息、阐述论证的能力。例题的选择体现了教师对高考的理解和对命题趋势的把握，精心选择典型例题，才能更好地提升做题的效果。切忌选择偏难、怪的试题，那样不但起不到练习的效果，反而增加了学习的难度。

2. 精练试题

这是学生该做好的事情。典型例题既可以考察学生对知识的掌握程度，还可以让学生在不同的情境中体会命题人考察知识的方式，学会用所学知识解决新问题。学生在做题时，应该按照考试的要求，在规定的时间内完成，还要认真分析答案的来源、结构、各部分如何组织整合。虽然例题不可能在考试中重复出现，但解题的基本思路、分析概括材料的能力和素养，是可以通过做题培养出来的。

学生做完题后的反思和总结也非常重要。笔者一般要求学生有自己的改错本，要按照题型用活页本整理。改错本中包含了原题、学生最初的答案、重新写的答案、题型的答题结构以及常用的答题语言。通过仔细分析试题、自己写的答案和参考答案，学生可以总结答题方法，提高应用知识的能力，增强历史学习的能力和素养。学生在分析错题时，既要分析丢分原因，还要分析得分的原因。我们一般习惯于反思错误和教训，其实，总结和提炼经验同样重要，这样才能有更大的进步。

四、阅读材料 训练能力

众所周知，史料实证能力不是教师"教"出来的，也不是学生能"背"会的，而是在每一节课堂、每一张阅读材料中练出来的，要经过长期的训练和培养才能养成。老师们在给学生印发阅读材料时，应该关注以下几个问题：

1. 阅读材料要有针对性，要与课本所学内容相结合

文本阅读是为了加强学生对所学内容的理解、提高史料实证的能力，因此从素材的选择方面来说，应该选择与所学内容直接相关的材料，这样既可以让知识回归原典，又可以减少学生的阅读障碍。切忌选择学生不熟悉或阅读难度很大的材料，否则容易造成阅读障碍，偏离文本阅读的本意。

2. 阅读材料要难易适中，适合学生的阅读水平

在材料选取的过程中，教师要把握好难易程度，选择符合学生阅读能力的材料，既不能过于简单，没有挑战性，又不能过于困难，使学生在对字词的注解上耗费大量时间，事倍功半。笔者认为，中国古代史部分可以二十四史和《资治通鉴》为主；近代史的部分可以各类条约原文和当时人的著述为主，比如梁启超、毛泽东等人的著作，也可以参考当代学术权威的作品，如陈旭麓的《近代中国社会的新陈代谢》；世界史部分可以各类原始文献和文件为主，比如《大宪章》《九十五条论纲》《权利法案》《人权宣言》等，也可以借鉴当代学者的论著，如斯塔夫里阿诺斯的《全球通史》等。

3. 注重阅读后的反馈和评价，提升阅读质量

教师将阅读材料印发给学生，由学生对材料进行阅读和批注，这只是完成了第一步。更重要的是，教师要对学生的批注内容进行详细批改，对学生阅读中暴露的问题进行反思和总结，对亮点进行分享和展示，并予以鼓励。教师的及时反馈体现了过程性评价的理念。只要保证了过程性评价的效率，就可以逐步提高学生的历史能力和素养。

纵观上述四个步骤，看似独立，实则相互促进、环环相扣。教师在课堂上的讲解，既可以引导学生分析材料、掌握概括信息的方法，又可以加强学生对知识的理解，为后续的内化和应用打下基础；学生在课后整理笔记、内化知识，既是对课堂效果的检验，又为知识应用做好了铺垫；学生研究典型例题、分析答题方法，是对课堂学习和课后复习效果的检验，不断反馈到学习中，可以提升学习效果；学生平时阅读材料，既可以在原始材料中加深对知识的理解，还可以锻炼阅读材料、提取信息的能力。这四个步骤是相互关联、相互促进的，都以学生为中心，以落实核心素养为主旨。教师和学生只要把握好这四个环节，就能掌握历史学习的方法，逐步提高学习能力和学科素养。

■ 教学课例1　核心素养引领下对历史教学的反思
——以鸦片战争为例

设计思路

在当前新课改的大背景下，历史教育除了重视知识的传授外，更应该关注培养学生的历史学科核心素养。历史学科核心素养主要包括唯物史观、时空观念、史料实证、历史解释和家国情怀。近年来，对历史学科核心素养的考察已经体现在北京文综试卷中。在这种背景下，教师应该及时对历史学科核心素养进行深入研究，采取应对措施。当然，对学生历史思维和研究方法的培养，绝不能一蹴而就，而是要从每节课堂做起，逐渐浸润渗

透。我以鸦片战争一课为案例，尝试对核心素养引领下的历史教学进行反思。

■ **教学准备**

（1）查阅关于鸦片战争的书籍，如茅海建《天朝的崩溃》、龚缨晏《鸦片的传播与对华鸦片贸易》、陈旭麓《近代中国社会的新陈代谢》、朱英《中国近代史十五讲》、马士《中华帝国对外关系史》等。

（2）整理关于鸦片战争的相关资料，课前印发给学生。

（3）安排学生阅读资料，进行批注。

（4）阅读学生批注，选择典型的批注进行课堂展示。

教学过程

■ **导入**

1785年8月30日，在福建省福州市一个偏僻乡村，村民林宾日家里出生了一个小男孩。当时福建巡抚徐嗣曾正在访查民情，到林家避雨。徐巡抚为政清廉，深受百姓拥戴。林宾日就给孩子取名林则徐，希望他日后也能向徐巡抚看齐。

林则徐果然不负父亲期待，1811年考中进士。此后，他平步青云，1832年被破格提拔为江苏巡抚，后来升任湖广总督、两广总督。1839年，他以钦差大臣的身份前往广东查禁鸦片，发动了名震中外的虎门销烟。

林则徐为我们今天所铭记，除了他为官清廉、政绩卓著外，还跟一种毒品有关。这种毒品就是鸦片。今天，我们通过林则徐的后半生，学习鸦片战争。

■ **新课教学**

一、国帑虚糜终懊悔 为毒消得人憔悴

鸦片是从罂粟提取出来的毒品，西汉时传入中国，最初是作为药品使用的。长期吸食容易成瘾。阅读材料一，概括鸦片的毒害。

材料一 其（鸦片）烟入腹，能益神气，彻夜无倦色。然越数日，或经月，偶吸之，无大害。若连朝不辍，至数月后，则侵入心脾，每日非如期呼吸，则疾作。俗呼为瘾。瘾至，其人涕泪交横，手足痿顿不能举。即白刃加其颈，豺虎出其前，亦惟俯首受死，不能少为运动也。故久食鸦片者，肩耸项缩，颜色枯羸，奄奄若病夫初起。①

——俞蛟《梦厂杂著·鸦片》（1801年）

学生：鸦片使人身体羸弱，意志颓废。

既然鸦片损害身心健康，为什么会在中国泛滥？表3-5-1总结了18世纪之前中英贸易的特点。

表3-5-1 英国东印度公司对华贸易年平均差额　　单位：两②

年代	年平均输入中国货物	年平均从中国输出货物	年平均逆差
1760—1764	344 675	876 846	-532 171
1765—1769	520 059	1 601 299	-1 081 240
1770—1774	622 332	1 415 428	-793 096
1775—1779	384 009	1 208 312	-824 303
1780—1784	532 652	1 632 721	-1 100 069
1785—1789	1 026 528	4 437 123	-3 410 595
1790—1794	2 059 181	4 025 092	-1 965 911
1795—1799	1 961 472	4 485 820	-2 524 348

——普理查德《早期中英关系的关键年代，1750—1800》

学生：英国对华出口低于进口。

从数字来看，英国进口数额远超过出口，处于贸易逆差。这造成了英国白银大量输入到中国，以至于驻马德拉斯的东印度公司负责人在信中说："我们缺乏现款的苦恼有增无减，因此，我们此处不可能提供任何现款来供应你们（购买茶叶）。"

为什么英国处于入超地位呢？展示表3-5-2，总结英国对华贸易特点。

---

① 龚缨晏. 鸦片的传播与对华鸦片贸易［M］. 北京：东方出版社，1999.
② 中国旧制重量单位。清朝末年1两=1/16斤=37.3克

表 3-5-2　东印度公司年平均输华商货的盈亏　　　　单位：两

年度	毛织品净亏损（-）	金属品盈（+）亏（-）	印度产品（棉花）盈（+）亏（-）	共计净亏（-）
1775—1779	-23 788	+7 989	+17 512	-2 831
1780—1784	-22 456	+6 754	-4 849	-23 199
1785—1789	-26 284	-4 443	+24 829	-7 906
1790—1794	-106 187	+24 746	+26 703	-62 141
1795—1799	-191 552	+9 772	+20 687	-168 099

从表二看，英国对华出口主要是毛织品和棉布，总体处于亏损状态。结合材料二，思考为什么会出现这种情况？

材料二　曾担任中国海关总税务司长达40年的英国人赫德在《中国闻见录》中说："中国有世界上最好的粮食，米；最好的饮料，茶；以及最好的衣着，棉、丝和皮毛。既有这些大宗物产以及无数的土制副产品，所以他们不需要从别的地方购买一文钱的东西。"①

——朱英《中国近代史十五讲》

学生：中国是自给自足的自然经济，无需进品毛织品和棉布。

由于自然经济的抵制，英国对华贸易长期处于逆差，大量银元流入中国。为了扭转对华贸易逆差，英国开始向中国走私鸦片，总结19世纪初期中英贸易特点（图3-5-1）。

学生：英国走私鸦片急剧增加；中国白银大量外流。

既然鸦片走私既损害中国人民身心健康，又造成白银外流，那么结合材料三思考，鸦片为何屡禁不止？

材料三　1826年，广东省建立了一支专门捕捉鸦片走私船的巡逻船队。但没过多久，这些巡逻船便让（鸦片）走私船每月交纳三万六千银两，而允许它们从身边悄悄通过。"有许多人以为鸦片走私船，装上鸦片之后，于深夜间偷运。事实上，这些走私船不但在光天化日之下进行贸易，并且他

---

① 朱英. 中国近代史十五讲 [M]. 北京：北京大学出版社，2011.

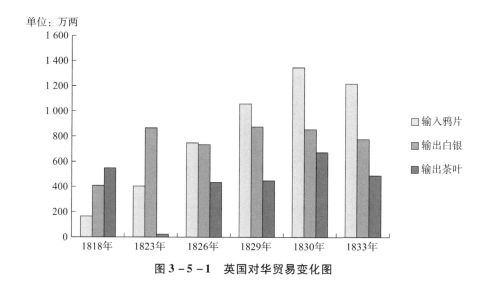

图 3-5-1 英国对华贸易变化图

们就在巡缉官船的前边进行，并且一直运到广州。对于不明了中国行动和性质的人看来，最奇怪的是：中国官吏的船只，也常用作走私鸦片之用。"①

——《加尔各答英人日报》（1937年1月）

学生：中国吏治腐败。

除了扭转贸易逆差之外，英国还希望倾销他们的工业品，尤其是棉纺织品。18世纪中后期，随着工业革命的发展，英国需要进口原料和输出商品，因此将侵略的目光投向人口众多、市场广大的中国。

鸦片大肆泛滥，吸食者迅速增加。到底是哪些人在吸食鸦片？阅读材料四，总结吸食人员的身份特征。

材料四 各级官员中"吸食最多，如幕友、官亲、长随、书办、差役，嗜鸦片者，十之八九"②。

——《鸦片战争档案史料》

学生：以官吏为主。

官吏是清政府的统治基础，官吏吸食鸦片直接危害到清政府统治的稳定。加之林则徐在奏折中强调，如果不禁烟，就会引发财政危机，道光皇

---

① 龚缨晏. 鸦片的传播与对华鸦片贸易 [M]. 北京：东方出版社，1999.
② 中国第一历史档案馆. 鸦片战争档案史料 [M]. 上海：上海人民出版社，1987.

帝受到触动。他任命林则徐为钦差大臣，赴广东查禁鸦片。

二、突如其来的战争

1838年11月，林则徐启程赴广东。1839年3月，林则徐抵达广州。林则徐从北京到达广州历时4个月。与此基本同时的19世纪30年代初，史蒂芬孙已经制造出新型机车"火箭号"，时速达到58公里。该机车从北京出发，日夜不停，1.5天就可以抵达广州。4个月对比1.5天，为什么存在这种差距？

学生：技术的进步。

技术差距的背后体现了工业文明与农业文明的差距，而这种差距在很大程度上决定了战争的结果。

林则徐抵达广州后，下令外国烟贩限期交出鸦片。烟贩们持观望态度。林则徐张贴了一份通告："若鸦片一日未绝，本大臣一日不回，誓与此事相始终，断无终止之理。"并派兵包围十三行，导致十三行物资供应中断。

在林则徐的强大压力下，英美烟贩交出了2万多箱、237万斤鸦片。1839年6月，林则徐在虎门海滩彻底销毁了这批鸦片。

虎门销烟的消息传到英国，鸦片走私集团策动议会对中国发动战争。1840年4月，英国议会以271票对262票的微弱多数，通过了军事行动的提案。英国内政大臣罗素在下议院发表了一番谈话。阅读材料五，总结英国发动鸦片战争的原因。

材料五　英国对中国发动战争的目的是"要为（清政府）对女王陛下的商务监督和臣民所加的侮辱和损害取得赔偿；要为英国商人在暴力威胁下所受的损失取得赔偿；最后，要向中国取得保证，同中国进行贸易的人员和财产将来应受到保护，不受侮辱和损害，而且应把贸易保持在一种合适的地位"[①]。

——龚缨晏《鸦片的传播与对华鸦片贸易》

学生：向中国索取鸦片赔款。

英国发动鸦片战争除了索要战争赔款，还要为工业品打开市场。战争

---

① 龚缨晏. 鸦片的传播与对华鸦片贸易［M］. 北京：东方出版社，1999.

就这样突如其来地降临在毫无准备的中国人身上。

1840年6月，英舰封锁珠江口，挑起战争。此后，英军一路北上，两个月后抵达天津大沽口，要求跟清政府谈判。道光皇帝惊慌失措，派直隶总督琦善去跟英军洽谈。琦善劝告英军撤回广东，承诺广东政府与英军谈判解决鸦片纠纷。英军撤回了广东。

英国人撤回广东后，迟迟不见清政府的特使。1841年5月，英军再次进逼广州，相继攻陷厦门、定海、镇江。1842年8月，英军抵达南京江面，扬言攻城。清政府不得不与英国签署了中国近代史上第一个不平等条约——《南京条约》。为什么说《南京条约》是不平等条约？

二、大皇帝恩准英国人民带同所属家眷，寄居大清沿海之广州、福州、厦门、宁波、上海等五处港口，贸易通商无碍。①

——王铁崖《中外旧约章汇编》

学生：开放通商口岸。

列强强迫清政府开放沿海沿江城市作为通商口岸，打开中国市场。外国强迫中国开放通商口岸，损害了中国的贸易自主权。从这个角度来说，这是不平等的。同时，开放通商口岸便于外国对中国进行商品倾销，洋布和洋纱大量输入，导致中国自给自足的自然经济逐渐解体，日益卷入资本主义世界市场，成为列强掠夺原料和倾销商品的对象。

三、大皇帝准将香港一岛给予大英国君主暨嗣后世袭主位者常远据守主掌，任便立法治理。②

——王铁崖《中外旧约章汇编》

学生：割占香港岛，破坏中国的领土主权。

英国以武力强占香港岛，破坏了中国的领土完整。

《南京条约》第四、五、六条主要是关于清政府向英国人赔偿鸦片损失和军费2 100万银元（约等于1 470万两白银）。大量赔款加重了中国政府的负担，经过层层摊派，最终转嫁到民众身上。

十、前第二条内言明开关俾英国商民居住通商之广州等五处，应纳进

---

①② 王铁崖. 中外旧约章汇编 [M]. 北京：生活·读书·新知三联书店，1957.

口、出口货税、饷费,均宜秉公议定则例,由部颁发晓示,以便英商按例交纳。①

——王铁崖《中外旧约章汇编》

通过协定关税,中国丧失了关税自主权,便利了外国商品倾销,进一步冲击了自然经济。

三、开眼看世界

林则徐到达广州后,"日日使人刺探西事,翻译西书,又购其新闻纸""察访夷情"。1839年底,林则徐组织翻译英国人慕瑞1836年在伦敦出版的《世界地理大全》,译名为《四洲志》。此书介绍了关于世界几大洲的新知,对近代中国走向世界起了重要的启蒙作用。

正是基于对国内外形势的了解,林则徐在给道光皇帝的奏折中,提醒要警惕英国发动战争的图谋,并未雨绸缪、严加防范。1840年3月29日,林则徐奏报:"传闻该国有大号兵船,将次到粤等情。臣等思此等传闻,无论虚实,总当于粤洋各要口加意严防。"道光皇帝则不以为然:"无论虚实,总当不事张皇,严密防范,以逸待劳,主客之势自判,彼何能为也。"可以看出,相对于道光皇帝对国内外大势的茫然无知,林则徐对世界的了解更加全面和客观。

同时,为了克敌制胜,林则徐还组织编译了有关西方近代船舰、火炮的资料,并试图"师夷"仿造。林则徐从闭塞的环境中走出来,正视中西方的巨大差距,重新认识自己的对手,体现了勇于接纳新知的开明态度。正是林则徐对西方书刊的积极翻译,使中国人慢慢认识到了中西方的差距,正如陈旭麓先生在《近代中国社会的新陈代谢》中所指出的:"林则徐的可贵之处正在于他最先拿起西方这把尺量出了中国的短处。"林则徐开风气之先,在他之后,有了魏源编纂的《海国图志》,高倡"师夷长技以制夷",有了徐继畬编订的近代中国第一部世界地理著作《瀛环志略》,有了洋务派的"师夷长技以自强"。如果我们把林则徐放在晚清的时代背景下,可以看到,他引领了一个时代。

通过对林则徐经历及评价的讨论,我希望学生能培养这样的历史观念:

---

① 王铁崖. 中外旧约章汇编 [M]. 北京:生活·读书·新知三联书店,1957.

我们在看待历史人物时，应该具有历史的眼光、时空的观念、辩证的思维。将历史人物置于他所处的历史情境中，置于特定的时空背景下，进行全面、客观、辩证、中肯的评价，这就是辩证地、历史地看问题，也是我在课堂上对核心素养的理解和运用。

四、鸦片战争的回声

第一次鸦片战争以清政府惨败而告终。面对创巨痛深的苦难，清政府理应奋发图强，除旧布新，推动中国的崛起。但事实恰恰相反。

即使在被发配新疆期间，林则徐也始终关注国事。他的朋友源源不断地把京城的情况传递给他。他把这些信息汇总、整理成了《软尘私议》。书中他对鸦片战争后清政府上下的反应非常愤懑，写道："议和之后，都门仍复恬嬉，大有雨过而忘雷之意。海疆之事，转喉触讳，绝口不提，即茶坊酒肆之中，亦大书'免谈时事'四字，俨有诗书偶语之禁。"战争的硝烟还未散去，《南京条约》墨迹未干，清政府已经忘记了鸦片战争的惨痛教训，讳言战争。言语之间，我们读出了林则徐的失望和无奈。这是时代的悲哀，是民族的悲哀。

1843年7月，美国为了诱导清政府签署《望厦条约》，派遣顾盛来华。美国政府非常重视顾盛此行，总统亲自挑选了向清政府呈递的礼单，包括：航海地图、地球仪；六轮手枪、步枪、蒸汽战舰模型、蒸汽挖掘机模型；关于造船、海陆军战术、地质、化学的书籍以及《美国百科全书》；电话机、望远镜、气压计、温度计……这些都是当时最先进的科技和装备。清政府查看了这些礼品后，斥之为"奇技淫巧"，全部予以退回。看到这种情景，我脑海里涌现了茅海建教授的一句话："'天朝'是一个梦，一个难以惊醒的梦。"

■ 课堂小结

朱可老师认为："教材解读重在主题的把握，贵在概念的理解，意在逻辑的疏通，难在内涵的挖掘，如此，才能提升教学立意。"为了将鸦片战争复杂的前因后果串联起来，本课设计了两条主线：其一以鸦片战争为明线；其二以林则徐的生平为暗线，明暗搭配，并配以或趣味横生、或含义深刻的资料，引领学生对历史的立体感知。同时，把历史资料的甄别利用方法渗透进讲课中，引导学生分析材料、提取信息、概括归纳，培养学生的史料辨析和论证能力。

本课除了培养学生辨析史料的批判性思维外，还在课堂上渗透了辩证的历史研究方法。历史研究要将历史人物和事件置于特定的时代背景下，进行全面、客观、辩证、中肯的评价，不能以今天的评价标准苛责古人。以林则徐为例，应该把他置于晚清社会大变革的时代背景下，这样才能让学生认识到林则徐面对西方的坚船利炮，从被动接触到主动接纳的心路历程，理解他作为"开眼看世界第一人"的历史地位。虽然在认识层次上，他主要看重西方的军事科技，但在当时，他组织翻译、引入西方书籍，介绍西方各国的历史、地理和政情，使沉迷于"天朝上国"的部分中国人意识到中西差距，开始以新的眼光审视世界。作为历史人物，林则徐在当时确实起到了开风气之先的引领作用。

教学课例2 人应该过什么样的宗教生活
——宗教改革再审视

设计思路

西欧封建社会后期，随着资本主义的萌芽，资产阶级力量壮大，相继发生了文艺复兴、宗教改革和启蒙运动。这些运动都旨在反抗教会的神权统治和王权专制，解放人们的思想。

14—17世纪的文艺复兴高举人文主义的旗帜，号召以人为中心，提升人的地位，肯定人的价值和尊严；反对禁欲主义，抨击教会的腐败和守旧思想，追求现世的幸福生活；崇尚理性，提倡探索人与自然的奥秘。

文艺复兴冲击了教会神学，解放了人们的思想，是从教会外部、从世俗的角度对教会和神权发起的冲击。在此基础上，马丁·路德率先在德意志民族神圣罗马帝国点燃了宗教改革的星星之火，他的《九十五条论纲》引燃了欧洲人对教会的普遍不满，影响近代欧洲历史的宗教改革运动最终爆发。宗教改革是从教会内部、从《圣经》的"神圣启示"出发，向正统教会的权威提出的挑战。

本课以宗教改革为主题，教师通过引导学生了解宗教改革的背景，使学生认识到资本主义发展推动了宗教改革，而宗教改革解放了人们的思想，进一步推动了资本主义的发展，这是唯物史观的体现。教师通过史料研读、问题探究的方式，引导学生学习分析史料、提取信息的方法，进而分析马丁·路德思想的内涵及本质，这落实了核心素养中时空观念、史料实证和历史解释的要求。教师还可以引导学生全面评价宗教改革，认识到宗教改革进一步解放了人们的思想，传播和发展了人文主义，有利于资本主义的成长，推动了欧洲民族国家的形成和文化事业的发展，这有利于落实核心素养中家国情怀的要求。

教学过程

■ 导入

恩格斯说："中世纪的历史只知道一种形式的意识形态，即宗教和神学。"在宗教神学的笼罩之下，中世纪的欧洲弥漫着黑暗和愚昧。教会宣扬的禁欲主义、蒙昧主义和来世主义压抑了人性，阻碍了社会进步。14世纪发生的文艺复兴首先从教会外部揭开了这层迷雾，之后欧洲社会将如何发展？今天我们学习第8课"欧洲的思想解放运动"第二子目"宗教改革"。

■ 新课教学

一、信仰危机

文艺复兴解放了长期被宗教戒律压抑和禁锢的人性，使天主教会的权威受到越来越多的质疑。到了16世纪，西欧社会各阶层对教会的不满情绪越来越激烈，暗流涌动，宗教改革一触即发。

1. 腐化的天主教会

公元1世纪，广义的基督教诞生于巴勒斯坦地区。4世纪，基督教成为罗马帝国的国教，并模仿罗马帝国的政治制度，建立了一套从教皇到教士的教阶制度。在中世纪早期，教会干预政治、占有财富、控制精神，日益腐化堕落。

教师展示材料，学生分析并总结宗教改革的背景。

材料一　中世纪西欧的天主教国家几乎人人信教，都是天主教徒，只有占人口极少数的犹太人除外。因此每个人从生到死都和天主教会发生密切关系，思想和行动都受教会的监督和支配。天主教会对广大群众施行了严密的精神统治。在一定意义上说，这种精神统治甚至比公开的政治统治还要厉害，它是一种潜在的、无形的压迫，使群众不知不觉地屈服于教会的权威，它甚至会致人于死地。

——吴于廑、齐世荣主编《世界史·近代史编（上卷）》

材料二　中世纪天主教会是一个庞大的经济实体，它拥有大量地产，是大大小小的封建剥削者中最大的一个，它向农民收取高额的封建地租。教会又向广大居民征收什一税。此外还有其他的苛捐，如赦罪费、法庭诉讼费等等。更有甚者，罗马教会还利用权势和宗教迷信肆意敲诈，例如出卖赎罪券。1476年教皇颁布了一个法规，把购买赎罪券以帮助已死的亲人拯救在炼狱里的灵魂定为信条，为出卖赎罪券这种欺诈行为大开方便之门；又如提倡崇拜圣物，使展览和卖出圣物成为一种勒索的手段；再如鬻卖神职、行贿受贿，这也是教廷发财致富的重要途径。买卖圣职的现象在教会中始终存在，16世纪达到了肆无忌惮的地步，设官不是为了宗教事务的需要，而是把它作为一种生财之道，教廷还为此成立了一个专门机构。据估计，1521年有2000多个神职可以用金钱买到。

——吴于廑、齐世荣主编《世界史·近代史编（上卷）》

从以上两则材料可以看出，教会一方面控制了人们的精神信仰，另一方面通过各种敛财方式收取了巨额财富，内部腐化堕落、卖官鬻爵。教会的腐败和搜刮，引起了欧洲各阶层的强烈不满。

2. 神圣罗马帝国的社会状况

宗教改革之所以最先发端于神圣罗马帝国，跟当时帝国四分五裂的社会状况密不可分。当时的神圣罗马帝国由七个较大的选帝侯、十几个大诸侯、两百多个小诸侯以及上千个骑士组成。这些大小贵族在自己的领地上俨然是独立的君主，拥有自己的行政组织、军队、法律和货币。这种四分五裂的局面便于教皇分而治之、大肆搜刮财富。神圣罗马帝国也成为天主教世界里受罗马天主教会压榨最严重的地区。据不完全统计，16世纪初，罗马教廷每年从神圣罗马帝国榨取的财富达30万古尔登（当时的神圣罗马帝国货币名称），这个数目等于1497年神圣罗马帝国所征税额的21倍。

与教皇的大肆榨取财富相比，当时神圣罗马帝国民众的生活过得很艰辛。根据历史记载，教士贪得无厌地掠夺，远远超出了征收什一税的范围。有人说："除非靠花钱，否则我们从教士那里什么也得不到：施洗礼要钱，见主教要钱，主持婚礼要钱，接受忏悔要钱，甚至连临终前施涂油礼，没有钱都不行！"15世纪最后十年和16世纪前十年期间，几乎整个神圣罗马帝国都遇到歉收，农民阶级受苦最深，许多农民饿死在树林里，"他们嘴里还含着没有咽下的青草"。

一方面是民众生活日益艰难，另一方面是教会日益贪婪腐化，这引发了民众对教会的普遍不满。整个欧洲暗流涌动，宗教改革随时可能爆发，此时需要的只是一个点燃星星之火的人。

[设计意图] 通过典型材料创设情境，引导学生身临其境地分析宗教改革的时代背景，认识到天主教会与时代发展背道而驰，其教义和腐化阻碍了时代进步，宗教改革存在必然性。

二、因信称义

1. 马丁·路德其人

当时教会敛财的一个重要方式就是兜售赎罪券，宣称当钱币落到赎罪钱柜中"叮当"作响的时候，死者的灵魂就立刻被送到了天堂。曾有一名无耻的推销员对信徒说："你投下银钱，现在我看见你父亲的左腿已经迈出炼狱的火焰，只剩右腿还在火里面，再继续加钱吧！"那人说："不必了，我父亲并没有右腿。"

马丁·路德出生于神圣罗马帝国萨克森选侯国的埃斯勒本，后来迁居曼斯菲尔德。他的父亲是一名矿工，后来成为拥有八个矿井和三个熔炉的企业主。18岁时，马丁·路德进入埃尔福特大学学习法律，期间受到反教会学者约翰·韦塞尔的影响，并广泛阅读了维吉尔、柏拉图、西塞罗和李维等古希腊、古罗马著名学者的作品。1505年路德毕业，获得了硕士学位，成为奥古斯丁托钵会修士。两年后成为神父。

1511年，路德访问罗马，目睹了教廷的腐败，愤愤不平。他说："很难描述，而且实难令人置信，那里（罗马）的龌龊究竟达到何种程度！如果有地狱的话，那么罗马便是地狱。罗马本是圣洁之地，而现已成为肮脏之城了。"1512年，路德升任为神学博士和维滕贝格大学神学教授，同时兼任维滕贝格修道院副院长。他认真研读古文《圣经》，发现教会的很多说辞与《圣经》内容完全不符。当他读到保罗的《罗马书》时，一行短句让他醍醐灌顶："义人必因信得生。"即信徒不是靠善行得救的，而是靠对上帝的虔诚信仰实现自我救赎。

1517年10月31日正午时分，马丁·路德把《关于赎罪券功效的辩论》（即《九十五条论纲》）贴在维滕贝格诸圣堂门上，引来了众人的围观。

2. 因信称义

《九十五条论纲》引燃的宗教改革之火很快蔓延到了整个欧洲。它到底讲述了什么内容？我们可以从它本来的题目《关于赎罪券功效的辩论》中看出一些端倪。

教师展示材料，学生阅读并概括《九十五条论纲》的主要内容。

材料三

第28条：很显然，当钱币投入钱柜中"叮当"作响的时候，增加的只是得利心和贪欲心。至于代祷之是否有效，完全只能以上帝的意旨为转移。

第36条：每一个基督教徒，只要自己真诚悔罪，就是不购买赎罪券，也同样可以得到赦罪或免罪。

——《九十五条论纲》

路德痛斥了教廷推销赎罪券的欺骗行为，认为人的灵魂获救靠的是自己的信仰，而不需要借助赎罪券。基督徒只要虔诚地信仰上帝，就可以得到上帝的救赎，这就是"因信称义"。

"因信称义"思想的提出，在德意志引发了轩然大波。按照马丁·路德的理论，信徒可以直接和上帝对话，而不用借助教会，这在把救赎的权利还给信徒本人的同时，也否定了罗马教会存在的合法性。《九十五条论纲》在两个星期内传遍了德意志，一个月内传遍了整个西欧。

马丁·路德的言论引发了教会的强烈不满和恐慌，他们对路德威逼利诱，一方面开除了路德的教籍，另一方面开出了"价钱"：只要路德忏悔，就可以恢复他的教籍，并让他当枢机主教。路德不为所动，当众烧毁了教皇的敕令。1521年，神圣罗马皇帝召开帝国会议，讨论如何处理路德的问题。路德在会议上进行了公开申诉，不但拒绝认错，还对教会进行了猛烈抨击。当时在场的教皇特使向教皇报告说："十分之九的神圣罗马帝国人高喊'路德'，剩下的十分之一喊'罗马教廷该死'。"

路德很快把批判的主题从赎罪券问题延伸到其他领域：他提出"廉俭教会"的诉求，要求简化教会仪式，并对教会的虚伪、奢靡、欺诈表示抗议，提倡关闭修道院；将《圣经》从拉丁文翻译为世俗语言，结束包括教皇本人在内的教士的权威；拒绝承认教会的等级制度。

宗教改革因赎罪券而起，引燃了民众对教会的普遍不满，很快波及整个欧洲，人们纷纷抨击教会，要求改革教会的声音日益高涨。正如刘新利在《欧洲文艺复兴史》中所说："（马丁·路德）就像一个在黑暗森林中行走的小孩，他划着一支火柴本来是为了看清脚下的路，却点燃了整片森林。"

马丁·路德坚持主张应由国家掌握宗教领导权，得到神圣罗马帝国部分诸侯和统治者的认同。在信徒的共同努力下，1555年，路德派诸侯与保守的天主派诸侯签订了《奥格斯堡宗教和约》，制定了"教随国定"的原则，路德教成为神圣罗马帝国北部地区诸侯国和自治市的唯一合法宗教，这也标志着路德教成为世俗统治的工具。

［设计意图］通过了解马丁·路德的成长历程，引导学生认识到成长环境对个人思想的重大影响；通过选择典型材料，引导学生归纳概括马丁·路德的思想，并认识到其进步之处。

三、信仰自由

马丁·路德的思想很快传遍欧洲，引发了巨大反响，催生了加尔文派和英国国教运动。

1. 加尔文派的创立

加尔文1509年出生于法国一个中产阶级家庭，曾就读于巴黎大学和奥尔良大学，深受路德宗教思想的熏陶。当时法国信奉天主教，加尔文为了摆脱法国政府对新教徒的迫害，流亡到巴塞尔，并于1536年出版了《基督教原理》一书，系统阐述了自己的宗教思想，是宗教改革期间具有较大影响力的一部著作。

加尔文除了阐述路德的"因信称义"和成立民族教会等思想外,还独创了"先定论"的思想。

"先定论"认为上帝的意志是绝对的权威,人类的一切都是由上帝预先安排好的。世界上只有两种人:上帝的选民和上帝的弃民,这种划分不可改变。一个人是否是上帝的选民,要通过现世的努力去证明:拥有对基督的真诚信仰并参加教会活动;能够勇于斗争、百折不挠地争取事业的成功;具有高尚的道德品格(节约、俭朴、谦逊,不应骄傲、粉饰与虚荣)。按照加尔文的观点,人在现世生活中的成功或失败,就是选民或弃民的主要标志。

"先定论"借助宗教外衣,把宗教信仰和发家致富结合起来,为资产阶级发展扫清了障碍,反映了资本主义萌芽时期资产阶级的诉求,鼓舞了新兴资产阶级的进取精神。因此,恩格斯认为:"加尔文的信条正适合当时资产阶级中最果敢大胆的分子的要求"。

2. 英国国教运动

英国本来是天主教国家,但中世纪后期以来,英国人对教皇的不满与日俱增,主要原因有:第一,教会占有大量土地,征收什一税,搜刮了大量财富;第二,教士行为不端,且不参加劳动,成为享受特权的统治阶层;第三,主教和教会法庭滥用司法权,与英格兰传统的习惯法背道而驰。随着路德思想的传入,英国天主教会内部也出现了要求改革的呼声。

英国的宗教改革开始于亨利八世的离婚案。亨利八世娶了自己的嫂子凯瑟琳,两人虽然生下了五个孩子,但只有玛丽公主活了下来。亨利八世需要男性继承人继承王位,但凯瑟琳已经过了生育年龄。于是,从1527年起,亨利八世反复向教皇提出离婚请求。教皇克力门七世在神圣罗马帝国皇帝、凯瑟琳外甥查理五世的压力下,不敢批准亨利八世的离婚案。

当时,英国的资产阶级和新贵族垂涎教会的财产,纷纷支持亨利八世实行宗教改革,打击教会;市民和资产阶级也希望通过打击教会推动工商业发展。在各方势力的支持下,1534年,英国议会颁布了《至尊法案》。

教师展示材料,引导学生分析英国《至尊法案》的内容及影响。

材料四 宣布国王是英国教会唯一的最高首脑,对一切宗教事务具有最高的权力,可以任命教会的各种教职,决定教义,并将宗教法庭改为国王法庭，由国王来审判教徒，镇压"异端"，改革教会，不承认罗马教廷的最高权力。改革后的教会称为英国国教。

——吴于廑、齐世荣主编《世界史·近代史编（上卷）》

英国国教运动一方面提高了英国国王的地位，使国王成为英国教会的最高首脑，国教成了都铎王朝实行专制统治的工具；另一方面使英国国教成为民族教会，推动了民族国家的形成。不久之后，英国议会以天主教会腐化堕落为由，解散了修道院并没收了其全部财产。忠于国王的一些大臣和地方上的支持者得到了亨利八世的赏赐，大量的土地流入市场，进入资产阶级和新贵族手里，结果既充实了国库，又使资产阶级和新贵族获利，使他们更加支持王权。

四、宗教改革的影响

宗教改革是欧洲中世纪后期重要的历史事件，对西欧的政治、经济和文化都产生了深远的影响。

教师展示材料，引导学生分析、总结宗教改革的影响。

材料五　宗教改革首先是一场教会革新运动，它摧毁了罗马教皇和天主教会对宗教救赎权的垄断，创立了路德教、加尔文教等多个福音教派，促成了一系列国家教会或邦国教会的建立。宗教改革也是一场政治、社会和思想文化运动：它使正在形成的现代国家政权制服了教会，掌握了更多的物质和精神资源；它也把"天职"观念和苦行生活移植到现实社会，用个人的自我控制取代了外来的强制；在教育、济贫和伦理道德诸方面，宗教改革也开创了种种新风尚，为改造大众素质和民族精神奠定了深厚基础。

——孙立新《德国通史》

材料六　文艺复兴的影响基本是在知识分子当中，而到了宗教改革，影响更进一步。究其原因……是因为在西方，基督教是家家户户的事情……宗教改革享受到了文艺复兴所开拓出来的人文主义的影响，把人文主义普及到了整个社会，因此，宗教改革的影响是社会性的。

——陈乐民《欧洲文明十五讲》

材料七　在宗教改革运动中，天主教会被剥夺的财产很大一部分落到新兴资产阶级手里，例如，英国新贵族剥夺了天主教会的大量地产，用于经营资本主义农业，促进了资本主义的发展。……宗教改革产生的新教各派在不同程度上都具有资本主义的政治和社会内涵：在教义上都蕴含一种资本主义精神，在组织上有共和主义色彩。……天主教会不甘心失败，发动了反宗教改革运动。在1545年到1565年间，天主教会代表在特兰托召开多次会议，着手革除天主教内部的弊端：如停止兜售赎罪券，不再增加教会神职薪俸，加强对神职人员的监督等等。

——吴于廑、齐世荣主编《世界史·近代史编（上卷）》

宗教改革的影响可以总结为三个方面：第一，打击了教会势力，推动天主教会革除内部弊端，同时强化了世俗权力，推动了欧洲民族国家的形成；第二，解放了人们的思想，传播和发展了人文主义，推动了文化教育事业的发展；第三，有利于资本主义经济的发展，推动了资本主义的成长和资产阶级力量的壮大。

[设计意图] 通过了解加尔文的"先定论"和英国国教运动，引导学生了解宗教改革在欧洲的传播，进而全面认识到宗教改革带来的巨大影响。

■ 课后小结

通过本节课的学习，我们可以认识到，经济基础决定上层建筑，上层建筑反作用于经济基础。思想的变迁根源在于经济的发展——随着资本主义的发展，建立在封建制度基础上的教会权威日益受到质疑，并在文艺复兴和宗教改革中受到冲击。而思想的变迁又进一步推动了经济的发展——宗教改革期间出现的"先定论"将宗教信仰和发家致富结合在一起，为资产阶级积累财富扫清了障碍，这就是新教伦理；亨利八世的宗教改革期间，也有大量的资产阶级和新贵族从中获利。站在唯物史观的高度上理解宗教改革，可以更加深刻地认识和应用历史学科核心素养。